Der Mond ist das Auge der Nacht und der Spiegel menschlicher
Stimmungen, Gefühle und Fantasien.
Zu allen Zeiten und auf allen Kontinenten werden Mythen und
Märchen über diesen wundersamen Himmelskörper erzählt.
Christine Brand hat sie für Groß und Klein gesammelt und frisch
zu Papier gebracht.

Christine Brand, geboren 1973, wuchs im Emmental in der Schweiz auf.
Sie absolvierte eine Ausbildung zur Lehrerin, wechselte dann in den
Journalismus. Nach Stationen beim Schweizer Fernsehen und bei der
Berner Zeitung *Der Bund* arbeitet sie seit 2008 als Redakteurin bei der
NZZ am Sonntag. Sie veröffentlichte bisher vier Kriminalromane und
mehrere Krimianthologien. Christine Brand lebt in Zürich.

Christine Brand

Mond

Geschichten aus aller Welt

Unionsverlag

Im Internet
Aktuelle Informationen, Dokumente, Materialien
zu Christine Brand und diesem Buch
www.unionsverlag.com

© by Christine Brand 2016
© by Unionsverlag 2016
Neptunstrasse 20, CH-8032 Zürich
Telefon +41 44 283 20 00
mail@unionsverlag.ch
Alle Rechte vorbehalten
Umschlaggestaltung: Martina Heuer, Zürich
Umschlagbild: Catrin Welz-Stein – Arthothek
Innenillustrationen aus:
Johannis Hevelii Selenographia sive lunae descriptio, 1647
ETH-Bibliothek Zürich, Alte und Seltene Drucke
Druck und Bindung: CPI – Clausen & Bosse, Leck
ISBN 978-3-293-00498-6

Als E-Book erhältlich

Inhaltsverzeichnis

Vorwort

Es war eine Nacht, in der der Wind die Wolken vor sich hertrieb und den Vollmond stets von Neuem zum Vorschein brachte. Ich saß unter einem unendlichen Himmel, auf einem Campingplatz in der Atacama-Wüste, als mir mein Zeltnachbar Marco meine erste Mondgeschichte erzählte: die Sage eines brasilianischen Volkes, das die Nacht und mit ihr den Mond verloren hatte.

Was wäre, wenn es den Mond nicht gäbe? Ohne den Mond wären wir nicht das, was wir heute sind. Mehr noch: Wir wären wohl überhaupt nicht hier. Denn den größten Entwicklungsschub erfuhr das Leben bei seiner Entstehung im Grenzbereich zwischen Wasser und Land, im Wechselspiel von Ebbe und Flut. Die Gezeiten, maßgeblich vom Mond beeinflusst, waren einst viel ausgeprägter, weil der Mond noch keine 380 000, sondern nur etwa 30 Kilometer von der Erde entfernt war. Gut möglich also, dass wir ohne den Mond im Stadium des Einzellers stecken geblieben wären.

Hätte es mit der Menschwerdung trotzdem geklappt, dann wären wir ohne Mond kaum hochgeschossene, aufrecht gehende Wesen geworden. Wahrscheinlich wären wir schwere, kleinwüchsige, mehrbeinige Geschöpfe. Denn ohne den Einfluss des Mondes würde sich die Erde dreimal so schnell drehen wie heute, und die dadurch andauernden Sturmwinde in Orkanstärke würden uns ständig wegpusten. Auch ob sich unser Sprachorgan bei den tosenden Dauerstürmen als Mittel zur Kommunikation entwickelt hätte, ist fraglich.

Es ist anders gekommen. Der Mond steht am Himmel, der Mensch ist Mensch geworden, und er hat sprechen gelernt. Er kann Geschichten erzählen, sie von Generation zu Generation weitertragen; Geschichten darüber, wie es kam, dass ebendieser Mond seine Runden dreht, und was es mit den Flecken auf sich hat, die sein Aussehen prägen.

Diese beiden Fragen treiben uns Menschen um, seit wir in den Mond schauen. Die Geschichte über die verlorene Nacht aus Brasilien war die erste von vielen, die ich auf meinen Reisen, bei Freunden aus allen Ländern, in fast vergessenen Büchern gefunden und gesammelt habe. In Südamerika – wie auch in Japan – sind es unter anderem Sagen darüber, wie der Hase in den Mond kam. Auch in Europa können wir den liegenden Hasen erkennen; Sie müssen nur den Kopf rechtwinklig nach links neigen, wenn Sie zum Mond hinaufschauen. Dennoch drehen sich europäische Sagen vor allem darum, was der Mann auf dem Mond zu suchen hat. In China oder Indien wiederum erkennen die Menschen dort oben eine Prinzessin.

Und immer wieder mal taucht ein Hahn als Geselle von Sonne und Mond auf. Stammt die Sage aus einem warmen, südlichen Land, ist die heiß glühende Sonne in der dortigen Sprache meist männlich – der Mond mit seinem lieblichen, sanften Licht hingegen weiblich. In den kalten Ländern des Nordens, wo die Sonne ersehnte Wärme bringt, ist es gerade umgekehrt. Ich habe die alten Sagen voller fantastischer Erklärungen über die Entstehung und das Wesen des Mondes zusammengetragen, in einer modernen Sprache neu erzählt, und mir erlaubt, sie hin und wieder ein bisschen zu würzen und mit dem einen Detail oder der anderen Anekdote zu ergänzen.

Die Fragen um den Mond haben indes nicht nur Geschichtenerfinder inspiriert, sondern auch die großen Denker beschäftigt. Schon Aristoteles hat sich den Kopf darüber zerbrochen, warum der Mond nicht rein, sondern befleckt ist. Er bestritt die Theorie seiner Philosophenkollegen, die den Mond als Spiegel der Erde deuteten und in seinen Flecken die Umrisse von irdischen Kontinenten und Meeren wiederzuerkennen glaubten. Aristoteles kam zum Schluss, dass die dunklen Stellen auf der Oberfläche des Mondes nichts anderes waren als das, was er zu sehen glaubte; nämlich zufällige dunkle Flecken.

Später meinten Wissenschaftler, die Flecken seien der Beweis dafür, dass der Mond gleich der Erde Vertiefungen aufweise, die Wasser oder dunkle Luft enthielten. Auch Leonardo da Vinci verfasste eine Studie über den rätselhaften Himmelskörper: Er hielt die dunklen Stellen für Land – die hellen für Wasser. Galileo Galilei rückte dem

Mond mit einem selbst gebauten Teleskop mit zwanzigfacher Vergrößerung näher. Er glaubte nicht daran, dass dort oben Wasser und Leben existierten.

Auch über die Entstehung des Mondes wurde heftig gestritten. Charles Darwins Sohn behauptete, der Mond habe sich von der Erde abgespalten. Um 1900 verbreitete sich die Theorie, der Mond sei im Vorbeiflug von der Erdanziehung eingefangen worden. Carl Friedrich von Weizsäcker erklärte 1944, der Mond und die Erde seien als Schwesternplaneten gemeinsam auf gleiche Art und Weise entstanden. Und in den Sechzigerjahren machte die Idee die Runde, der Mond sei das Produkt aus mehreren Monden, die zusammengestoßen seien. Heute glaubt man an den großen Knall: an die Kollisionstheorie. Demnach ist nahe der Geburtsstunde unseres Sonnensystems ein Himmelskörper, wahrscheinlich etwa so groß wie der Mars, in die Erde gekracht. Brocken der Erde und dieses Himmelskörpers wurden zurück ins Weltall geschleudert, und einige davon verdichteten sich zu dem, was wir heute Mond nennen. Und die Flecken? Klein, wie der neue Mond war, kühlte er rasch ab – und Trümmer, größer als ganze Gebirgszüge, die nach all den Turbulenzen und Karambolagen im Weltraum herumflogen und dabei den Mond trafen, hinterließen ihre Spuren; die Krater.

So weit, vereinfacht, die Erkenntnisse der heutigen Wissenschaft. Aber vielleicht ist die letzte Weisheit noch nicht gefunden. Womöglich stellt sich irgendwann heraus, dass alles ganz anders war. So könnte der Mond doch das Auge eines Ungeheuers sein, das am Himmel hängen geblieben ist, wie die Aborigines einst glaubten.

Und die schwarzen Flecken auf dem Mond sind Über-reste des Teers, den ihm der Teufel anschmierte, weil er sich bei seinen nächtlichen Untaten durch den Mond-schein gestört fühlte, wie die Balten meinten. Sicher ist: Würde es den Mond nicht geben, müsste man ihn erfin-den. Nichts wäre, wie es ist, würde der Himmelskörper fehlen, der seit jeher mit so großer Kraft auf unseren Pla-neten einwirkt und der uns Menschen seit Jahrtausenden fasziniert. Und die Fragen nach dem Wie und dem Wa-rum? Vielleicht dürfen wir uns für einmal ganz einfach an jene Geschichte halten, die uns am besten gefällt.

Die drei verlorenen Monde

Nach einem Märchen aus Serbien

Der Mond kommt, wenn der Tag geht. Dann setzt er sich an den Himmel und wirft seinen Schein auf die Welt. Bis er sich am Morgen wieder schlafen legt. Das war nicht immer so: In einer anderen Zeit, da war der Mond Tag und Nacht am Leuchten. Und er war nicht allein.

Ein alter Rabe kennt die Geschichte. Er weiß, wie es früher auf der Erde und in ihrem Himmel zu- und hergegangen ist. Damals, als alles noch seine Ordnung hatte. Der Rabe erzählt es jedem, der ihm zuhören mag: In dieser weit entfernten Zeit, in dieser fast vergessenen Vergangenheit, standen nicht nur einer, sondern vier Monde am Himmel.

Für jene Menschen, die unachtsam waren und sich keine Mühe gaben, sahen die vier Monde alle genau gleich aus. Wer aber mit aufmerksamen Augen hinauf zum Himmel blickte, erkannte, dass jeder Mond ganz eigen war. Der eine war ebenflächig und schimmerte im

Grün des Mooses. Der zweite sah etwas verkratert aus; die Buckel und Löcher auf seiner Oberfläche erinnerten mal an das Gesicht eines Mannes, mal an einen liegenden Hasen mit langen Ohren. Er schien in einem gelblich sanften Weiß. Der dritte Mond hatte auffallend rote Backen. Der vierte Mond schließlich war ein bisschen größer als die drei anderen, bläulicher auch. Er trug eine Mütze und schien nicht ganz kugelrund zu sein. Er war ein wenig aus der Form geraten.

Die vier Monde waren fleißig; sie leuchteten sowohl bei Nacht als auch bei Tag. Die vielen Aufgaben, die es für Monde nun mal zu erledigen gab, hatten sie untereinander aufgeteilt. Der erste, der schummrig grüne, passte wie ein Hirte auf die Sterne auf. Er führte sie über ihre himmlische Bahn, mit einem Stock in der Hand, damit er damit poltern und fuchteln konnte, wenn sie von ihrem Weg abkommen wollten. Er wies den Sternen die Richtung und lehrte sie, zu leuchten und zu funkeln.

Der zweite Mond, der mit den Kratern und Hügeln im Gesicht, war der freundlichste von allen. Er leuchtete den Menschen den Weg, wenn die Sonne nicht für sie schien. Er warf seinen mattgelben Schimmer auf die Erde, dem die Nachtreisenden und die Leittiere der Herden folgten.

Der dritte Mond mit seinen roten Backen fand, dass er die schönste der Mondaufgaben übernommen hatte: Er brachte die guten Träume. Wenn er kam, streute er seinen Zauberstaub über die Wimpern der schlafenden Kinder. Deren Wangen verfärbten sich rötlich wie die seinen, und ihre Gesichter schienen aufzublühen, wenn die Träume sie streiften.

Der vierte Mond hatte sich entschieden, sich in allen Gewässern zu spiegeln und tief hinunter bis auf deren Grund zu scheinen: in Seen und in Brunnen, in Flüssen und in allen Meeren auf der Erde. Er tauchte die Unterwasserwelten in sein bläuliches Licht.

Jeder Mond hatte seine Aufgabe, alles hatte seine Ordnung.

Doch dann kam der Tag, der alles verändern sollte. Es geschah, als der vierte Mond seine Mütze verlor. Er hätte es wohl gar nicht gemerkt, hätte ihn nicht der zweite Mond darauf angesprochen: »Was hast du mit deiner Mütze gemacht?«

Erschrocken griff sich der vierte Mond an den Kopf. Die Mütze war weg! Sie musste ihm, während er sich im Wasser spiegelte, in den Fluss gefallen sein. Diese Mütze trug er schon so lange, wie er zurückdenken konnte. Ohne sie kam er sich nackt vor, es fühlte sich an, als fehlte ein Teil seiner selbst.

Verzweifelt suchte er seine Mütze, während der zweite Mond für ihn schien. Er tauchte hinein ins Wasser, immer von Neuem. Er weckte die Fische und bat sie um Hilfe, er ließ die Fischer mit ihren Ruten nach der Mütze angeln. Doch sie war nicht zu finden. Hatte jemand die Mütze vor ihm gefunden und hielt sie nun versteckt, um ihn vor aller Welt bloßzustellen, wenn er so ganz ohne Mütze am Himmel stand?

Wer konnte das bloß gewesen sein? Der zweite Mond, der ihm bei der Suche geholfen hatte, kam nicht infrage; der war viel zu freundlich. Aber wo waren eigentlich die beiden anderen Monde gewesen, als er sie gebraucht hätte? Plötzlich war sich der vierte Mond sicher: Der erste und der dritte Mond hatten die Mütze an sich genommen! Ihnen beiden traute er einen solch üblen Scherz ohne Weiteres zu. Das durfte er sich nicht gefallen lassen! Er fasste einen Plan, wie er sich seine Mütze zurückerobern wollte.

Mit einer List lockte er seine beiden Kollegen hinauf in das alte Schloss, in dem längst kein König mehr wohnte. Er behauptete, er müsse ihnen ganz dringend etwas zeigen, dort oben im Verlies. Als die beiden ihre Nasen in das düstere Loch hineinsteckten, schlug der vierte Mond hinter ihnen die Tür zu und schob den Riegel vor.

»Ihr werdet hier nicht eher herauskommen, bis ich meine Mütze zurückhabe!«, rief er durch die schwere Holztür. Dann nahm er einen Stuhl und setzte sich als Wächter davor. Er würde sich nicht von der Stelle rühren, bis er seine Mütze wiederhatte. Ganz egal, wie lange dies dauern mochte, ganz egal, wie sehr die beiden Monde bettelten und jammerten. Ja, er war ein geduldiger Mond. Und ein sturer.

Bis heute sitzt der vierte Mond neben der Tür zum Schlossverlies, in das er die beiden anderen Monde gesperrt hat. Seit jenem Tag ist keiner der drei Monde wieder am Himmel aufgetaucht: Einer wollte nicht – zwei konnten nicht.

Nur ein einziger Mond ist übrig geblieben. Er kam sich zwar verlassen vor, aber er hatte ja einen Eid geschworen, für immer den Lebewesen auf der Erde zu leuchten. Und weil er ein menschenfreundlicher Mond war, übernahm er zusätzlich die Aufgaben der drei anderen und erledigte fortan ganz allein die Arbeit von vieren. Was ziemlich beschwerlich war. Schon bald fürchtete er, wegen Überanstrengung zu erlöschen.

Darum hat der einzig übrig gebliebene Mond mit der Sonne und den Sternen einen Pakt geschlossen. Von nun an würde die Sonne am Tag am Himmel stehen, und er würde gemeinsam mit den Sternen nur noch in der Nacht unterwegs sein. So konnte er tagsüber schlafen und Kraft sammeln, damit er in der Nacht wieder kräftig leuchten konnte.

Der letzte Mond macht seine Arbeit gut. Weder die Sterne noch die Nachtreisenden, weder die Leittiere der Herden noch die träumenden Kinder haben sich je über ihn beschwert.

Nur manchmal, wenn er nicht einschlafen kann, weil er Sehnsucht hat nach den bunten Farben der Erde im Sonnenlicht, nach dem Singen der Vögel und dem Lachen der Menschen, dann stiehlt er sich am helllichten Tag an den Himmel und lächelt auf die Welt hinab.

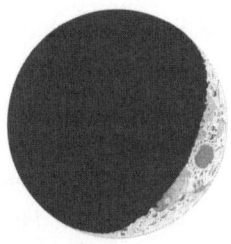

Warum Sonne und Mond
im Himmel leben

Nach einer nigerianischen Sage

Vor so langer Zeit, dass sich nur die ältesten der alten Männer daran erinnern können, war der Himmel sternenleer. Denn die Sterne waren noch gar nicht geboren, und die Sonne und der Mond standen nicht wie heute hoch über den Wolken, sondern lebten auf der Erde. Sie wohnten zusammen in einem Haus, fast wie ein altes Ehepaar, und hatten seit vielen Jahren einen gemeinsamen besten Freund: das Wasser. Die drei Freunde Sonne, Mond und Wasser hatten keine Geheimnisse voreinander. Brauchte die Sonne einmal einen Rat, war das Wasser stets mit einer Weisheit zur Stelle. Plagte den Mond eine Sorge, spendete das Wasser ihm Trost. Und wusste das Wasser einmal nicht weiter, halfen ihm der Mond und die Sonne mit ihrer Klugheit aus. Sonne und Mond besuchten – wie das beste Freunde so tun – das Wasser oft und regelmäßig. Sie gingen bei ihm ein und aus, fast so, als wäre das Heim des Wassers ihr zweites Zuhause.

Das Wasser hingegen hatte sich noch kein einziges Mal auf den Weg gemacht, um die Sonne und den Mond in ihrem Haus zu besuchen. Der Sonne war dies gar nicht recht. Sie hatte ein schlechtes Gewissen, dass sie und der Mond immer nur Gäste, nie aber Gastgeber waren. Und ja, sie war auch ein bisschen beleidigt, und sie fragte sich, warum das Wasser sie nie besuchen wollte. Als die Sonne und der Mond zum tausendeinhundertsiebenunddreißigsten Mal beim Wasser zu Besuch waren, konnte die Sonne nicht länger an sich halten. Endlich stellte sie jene Frage, die sie ihrem Freund, dem Wasser, schon lange stellen wollte. »Wir haben dich bereits tausendeinhundertsiebenunddreißig Mal besucht – du aber bist noch kein einziges Mal zu uns gekommen.« Sie schaute das Wasser halb tadelnd, halb schüchtern an. »Warum besuchst du uns eigentlich nie?«

Das Wasser räusperte sich, zögerte mit seiner Antwort. Wellen schwappten über seine Augen, als es verlegen blinzelte. »Liebe Sonne, lieber Mond. Es hat einen einfachen Grund, warum ich nicht zu euch komme: Euer Haus ist leider nicht groß genug für mich.« Betreten blickte das Wasser zuerst zum Mond und dann zur Sonne. Es fiel ihm schwer weiterzusprechen, denn es wollte seine Freunde nicht verletzen. »Ihr müsst wissen: Ich habe viele Freunde, die immer bei mir sind und die ich nicht zurücklassen kann. Käme ich mit all den Wesen auf Besuch, die mit mir und in mir leben, würden wir euch aus eurem Haus geradezu rausspülen.«

Denn das Wasser mit all seinen Fischen und Krabben und Seepferdchen und Quallen und Tintenfischen und Korallen passte nie und nimmer in das kleine Häuschen von Sonne und Mond hinein.

Das Gesicht der Sonne spiegelte ihre grenzenlose Enttäuschung. Ihr Schein erblasste, aber nur kurz. Dann leuchtete die Sonne auf einen Schlag wieder so kräftig, dass Wasser und Mond die Augen zusammenkneifen mussten. Sie ließ auf den Wellen des Wassers Tausende Lichter tanzen, denn ihr war eine Idee zugeflogen. »Wie wäre es, wenn der Mond und ich ein neues Haus bauen würden? Ein größeres? Würdest du uns dann besuchen kommen?«

Das Wasser zögerte zweifelnd. Doch es wollte die Sonne nicht wieder blass und traurig sehen. »Wenn ihr wirklich möchtet, dass ich euch besuche, dann müsst ihr ein gewaltiges Haus bauen. Es muss größer sein als alles, was ihr euch vorstellen könnt. Denn meine Freunde, die in mir leben, sind zahlreich, und sie brauchen jede Menge Platz.«

Die Sonne war begeistert und gab ihr Versprechen: »Wir werden ein so großes Haus bauen, wie du es noch nie gesehen hast!« Sie schubste den Mond an, damit er auch etwas dazu sagte. Doch er zuckte nur mit den Schultern und lächelte zaghaft. Er war nicht sicher, ob er sich freuen sollte. Wird es uns gelingen, ein Haus zu bauen, in dem das Wasser mit all seinen Wesen Platz findet?, fragte er sich. Aber der Mond war keiner, der zu viel nachdachte, sondern einer, der anpackte. »Na, dann wissen wir wenigstens, was wir zu tun haben«, sagte er schließlich schmunzelnd zur Sonne. Längst hatte er sich an ihre verrückten Ideen gewöhnt. Und so begannen der Mond und die Sonne schon am nächsten Tag mit der Arbeit, damit sie das Wasser mit all seinen Freunden bald als Gäste empfangen konnten. Stein um Stein schichteten sie aufeinander, die Mauern wurden höher und höher und reichten schon bald hinauf bis zu den Wolken.

Siebenundsiebzig Tage lang bauten sie an diesem Haus, das größer war als alles, was man sich vorstellen kann. Dann endlich kam der feierliche Augenblick: Sonne und Mond überreichten dem Wasser ihre Einladung. »Wir möchten dich gerne als Gast willkommen heißen.« Die Sonne strahlte dunkelrot. Auch das sanfte Licht des Mondes erschien dem Wasser anders als sonst, goldiger.

»Ich freue mich sehr«, sagte das Wasser und meinte es auch so. Obwohl es noch immer nicht überzeugt war, dass dieser Besuch wirklich eine gute Idee war.

Am Sonntag war der Moment gekommen. Das Wasser konnte das höchste Gebäude des Universums schon von Weitem sehen. Als es sein Ziel beinahe erreicht hatte, sprang ein Fisch aus seinen Wellen hoch. »Sonne!«, rief der Fisch laut aus. »Sonne! Ist es in eurem Haus auch wirklich sicher für das Wasser, wenn wir euch besuchen kommen?«

»Klar ist unser Haus sicher, wir haben es selbst gebaut. Sag unserem Freund, er könne sorgenfrei eintreten.«

Das Wasser begann erneut zu fließen, und die Fische und Krabben und Quallen und Seesterne und all die anderen Tiere, die im Wasser lebten, strömten in das Haus. Es dauerte nicht lange, da stand das Wasser bereits kniehoch in den Zimmern. Das war ihm gar nicht recht. »Denkt ihr immer noch, dass es sicher genug ist?«, fragte das Wasser seine beiden Freunde.

»Klar, mach dir keine Sorgen«, meinte die Sonne.

»Wird schon gut gehen«, sagte der Mond.

Also sprudelte mehr und mehr Wasser in das Haus. Schon bald stand es mannshoch. Das Wasser zögerte wieder. »Wollt ihr wirklich, dass noch mehr von mir und meinen Freunden in euer Haus eintreten?«

»Kommt herein, unser Haus ist euer Haus«, strahlte die Sonne.

»Sei unbesorgt, Wasser, wir haben das Haus bestimmt groß genug gebaut«, versicherte der Mond.

Sie ahnten nicht, wie unbedarft sie in ihrer Sorglosigkeit waren. Also floss noch mehr Wasser in das Haus, und mit ihm strömten Muscheln und Seesterne, Algen und Fische, Seeigel und Oktopusse in die Zimmer. Schon füllte das Wasser das Haus vollständig aus, sodass der Sonne und dem Mond nichts anderes übrig blieb, als auf die oberste Spitze ihres Daches zu flüchten. Sie hatten in ihrem eigenen Haus keinen Platz mehr.

Das Wasser hatte ein schrecklich schlechtes Gewissen. Bedrückt erkundigte es sich bei Sonne und Mond, ob es noch immer willkommen sei. Die beiden nickten etwas ratlos. Es war jetzt sowieso zu spät. Das Wasser wieder aus dem Haus weisen? Das konnten sie sich nach all der Mühe nicht vorstellen. Dazu waren sie zu stolz. Und dann passierte es: Das Wasser und all seine Wesen brauchten schließlich so viel Platz, dass sie auch die Spitze des Daches überströmten. Es gab für Sonne und Mond kein

Bleiben mehr. Was sollten sie tun? Wo sollten sie hin? Ihnen blieb nichts anderes übrig, als hoch hinaufzusteigen in den Himmel.

Dort sind sie noch immer. Mond und Sonne sind nie in ihr großes Haus zurückgekehrt. Aber sie zürnen dem Wasser nicht. Denn es gefällt den beiden dort oben am Himmel. So sehr, dass sie gar nicht daran denken, jemals wieder hinabzusteigen.

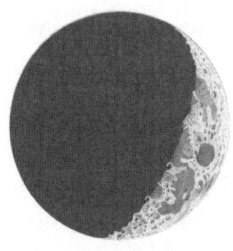

Der Heiratsantrag

Nach einem chinesischen Märchen

Zu jener Zeit, als das Folgende geschah, lebten auf der Erde weder Menschen noch Tiere. Kein Lebewesen war bislang geboren worden. Doch die Sonne stand schon am Himmel, und auch der Mond hatte sich bereits an seinen Platz gesetzt. Und dieser kleine Mond hatte es der Sonne angetan. Sie beobachtete ihn, sooft er in ihrer Sichtweite war, und sie fand ihn wunderschön. Während die Sonne zu ihm hinüberspähte, reifte in ihr ein Entschluss: Sie wollte den Mond heiraten.

Also schritt die Sonne zur Tat, denn in solchen Angelegenheiten sollte man nicht zögern: Sie schickte einen Boten los, der dem Mond die freudige Nachricht überbringen sollte. Der Bote war einige Jahre unterwegs, bis er den Mond erreichte. Sobald er angekommen war, drückte er dem Mond ohne Worte einen Brief in die Hand. Der Mond öffnete den Umschlag, las – und lachte laut auf. »Die Sonne schreibt, dass sie mich heiraten will!«, rief er dem Boten zu. »So etwas Komisches habe ich in meinem ganzen Leben noch nicht gehört!« Der Mond kringelte sich vor Lachen. »Als ob ich die Sonne heiraten würde! Ich mag sie doch nicht einmal!«

Doch dann wurde der Mond nachdenklich. Denn er war ein lieber und ein höflicher Mond. Er wollte die Sonne nicht kränken. Darum bat er den Boten: »Sag der Sonne, dass ich mir die Sache durch den Kopf gehen lasse.«

Der Bote lief umgehend zur Sonne zurück, um ihr die Nachricht zu überbringen.

Wieder vergingen einige Jahre, bis derselbe Bote mit einer neuen Botschaft beim Mond anklopfte. »Ich warte auf eine Antwort«, stand in dem Brief geschrieben. »Wann werden wir endlich heiraten?«, wollte die Sonne wissen.

Die Frage der Sonne stürzte den Mond in ein Dilemma. Er hatte nicht das geringste Interesse, die Sonne zu ehelichen. Nur: Wie sollte er ihr das beibringen, ohne ihre Gefühle zu verletzen? Der Mond dachte drei Nächte lang nach, bevor er den Boten zurück zur Sonne schickte. Ihm war eine List eingefallen: »Sag der Sonne, dass ich sie heiraten werde, wenn sie eine Bedingung erfüllt.«

Der Bote lief zur Sonne zurück und erstattete ihr Bericht. Ihm blieb keine Zeit, sich auszuruhen, denn die Sonne sandte ihn sogleich wieder zum Mond.

»Die Sonne schickt mich!«, keuchte der Bote erschöpft, als er erneut vor dem Mond stand. »Sie möchte hören, was deine Bedingung ist.«

Dieses Mal musste der Mond nicht lange überlegen, denn er hatte sich seine Antwort schon zurechtgelegt.

»Sag der Sonne, dass ich sie nur dann heiraten werde, wenn sie mich selber holt!«, trug er dem Boten auf.

Der wiederholte die Worte des Mondes vor der Sonne. Und obwohl er es langsam leid war, zwischen Mond und Sonne hin- und herzurennen, platzte er fast vor Spannung, wie die Sonne reagieren würde.

Sie lachte! »Wenn es weiter nichts ist«, sagte sie vergnügt. »Das werde ich wohl schaffen!«

Und so machte sich die Sonne auf den Weg, um sich den Mond zum Ehemann zu holen. Nur: Als die Sonne im Westen ankam, befand sich der Mond schon im Osten. Und als die Sonne im Osten aufging, war der Mond weit weg von ihr entfernt im Westen. Sosehr sich die Sonne auch anstrengte: Es gelang ihr nicht, den Mond einzuholen. Und so rennt die Sonne bis zum heutigen Tag noch immer dem Mond hinterher.

Der Mond in der Kokosnuss

Nach einer Legende aus Brasilien

Diese Geschichte spielt in einer Welt, in der die Nacht
verloren gegangen ist. Wie das Unvorstellbare geschehen war, daran konnte sich niemand mehr genau erinnern. Plötzlich war sie einfach weg gewesen, die Nacht.
Zunächst dachten die Menschen, dass sie sich nur ver-
spätet habe, schließlich war bis anhin auf sie Verlass gewesen. Bis zu ihrem letzten Tag hatte die Nacht Abend
für Abend ihre Finsternis auf das Land gebettet, sie hatte
ihre Ruhe über Berge und Täler ausgebreitet, Sterne und
Mond zum Leuchten gebracht und die verspielten Geräusche erklingen lassen, die am Tag auf der Welt keinen
Platz fanden. Sie würde sicher wiederkommen, dachten die Menschen, und sie warteten. Und warteten. Und
warteten. Vergebens.

Die Menschen hatten sich geirrt. Die Nacht kehrte
nicht wieder, und der Tag sollte für immer bleiben.

Zuerst fürchteten sich die Menschen, als das Dunkel nicht mehr kam. Aber bald wunderten sie sich nicht mehr über die Endlosigkeit der Tage, und sie schickten sich in ihr Schicksal.

Die Nacht geriet allmählich in Vergessenheit. Die Jüngeren konnten sich schon nicht mehr recht erinnern, wie sie war, die Nacht, sie erschien ihnen nur noch wie ein weit entfernter Traum. Die kleinen Kinder fragten die Ältesten immer wieder, was der Mond denn eigentlich gewesen sei, ob eine Scheibe oder eine Kugel, und wie er ausgesehen habe. Ob er denn geleuchtet habe wie die Sonne? Warum man ihn dann habe anschauen können, ohne geblendet zu werden? Und was es mit diesen Sternen auf sich gehabt habe? Wie viele es waren? Warum man sie nicht zählen konnte?

Jedes Kind stellte sich den Nachthimmel ein bisschen anders vor, aber keines so, wie er wirklich gewesen war. Denn sich Sterne und Mond vorzustellen, ohne sie je gesehen zu haben, ist eine Unmöglichkeit. So verblasste die Erinnerung mit den Jahren. Die Nacht erschien den Menschen wie eine Märchenwelt, die es in Wirklichkeit gar nie gegeben hat.

Doch die Sehnsucht nach der Nacht und ihrem Mond blieb. Denn das Leben war anstrengend. Die Sonne brannte immerzu am Himmel, stand mal höher, mal tiefer, und weigerte sich doch, zu verschwinden. Die Menschen waren erschöpft, weil ihnen mit der Nacht auch die Ruhe abhandengekommen war. Der Schlaf konnte sie nicht mehr finden. Sie gingen gebeugt, als sei das Leben eine schwere Last. Ihre Körper waren dünn und ausgemergelt, ihre Seelen träge und leer. Alle Träume waren ihnen verloren gegangen. Der Bauer zog auf den Acker, der Fischer hinaus auf den See. Zu jeder Zeit, in jeder Stunde. Der Rhythmus des Lebens existierte nicht mehr.

Alles auf der Welt hatte sich verändert. Viele Pflanzen waren bräunlich verfärbt oder ganz verdorrt. Die Vögel, die geblieben waren, hatten schon nach wenigen Tagen das Pfeifen aufgegeben, weil sie sich in ihrer Rastlosigkeit die Kehlen wund gezwitschert hatten.

Warum die Nacht wirklich verschwunden war? Niemand kannte die Antwort. Selbst die Mutmaßungen waren verklungen. Die Stille hatte die letzte Hoffnung auf ein Ende ihrer endlosen Tage erstickt.

Nur einer war nicht bereit, sich ins scheinbar Unabänderliche zu fügen. Ein Einziger zerbrach sich noch immer den Kopf über die verschollene Nacht: der König, der das Volk der endlosen Tage regierte. Er lebte in einem Schloss, dessen spitze Türme hoch über der Stadt in den Himmel ragten, als wollten sie die vorbeihetzenden Wolken kitzeln. Auch er war erschöpft und müde, aber er war ein guter König, und er wünschte sich, dass es seinem Volk gut ging. Er dachte so viel darüber nach, wie er sein Volk wieder glücklich machen konnte, dass sein Kopf vor Schmerzen zu zerspringen drohte. Er kam immer wieder zum gleichen Schluss: Die Nacht musste zurückkehren. Nur wusste der König nicht, wie er das anstellen sollte.

Die einzige Freude, die dem König geblieben war, war seine Tochter. Sie war sein Mondschein. Er lebte mit ihr allein in dem Schloss mit den spitzen Türmen, allein mit all den Bediensteten. Die Königin war gestorben, als sie der Prinzessin das Leben schenkte. Das war, kurz bevor die Nacht verschwand. Die Prinzessin war das schönste Kind im Land gewesen und war zu einer bezaubernden jungen Frau herangewachsen. Sie sei wie der Mond, sagten die Menschen. Ihr Gesicht war sanft gezeichnet und von berückender Regelmäßigkeit. Ihre Augen hatten die Farbe eines Sees in der Nacht. Ihre Bewegungen waren wie ein Tanz. Der König war stolz auf seine Prinzessin, und gleichzeitig besorgt. Denn sie wurde von allen jungen Männern im Volk begehrt. Ein Glück, dachte er, dass bisher noch keiner der Männer, die um das Herz der Prinzessin geworben hatten, dieses auch hatte erwärmen können. Er war noch nicht bereit, sie gehen zu lassen. Er würde nie bereit sein. Er war es auch nicht, als seine Tochter ihr Herz verlor.

Es geschah an jenem Tag, an dem ein Krieger mit seinem Pferd in die Stadt galoppierte. Er kam zurück von siegreichen Kämpfen und sollte dem König Bericht erstatten. Der Mann war schön wie die Nacht. Dunkel die Haut, breit die Schultern. Seine Augen funkelten und waren von endloser Tiefe. Der Krieger war unerschütterlich wie ein Fels – bis er zum ersten Mal die Tochter des Königs erblickte. Als er während der Audienz vor der Prinzessin auf die Knie fiel und ihre Hand küsste, ihre samtene Haut auf der seinen spürte und ihren süßen Duft aufsog, wusste er, dass er nie mehr ohne sie sein wollte. Sie hatte seine Seele berührt. Auch die Prinzessin wusste nicht, wie ihr geschah. Sie fühlte sich einer Ohnmacht nahe; der Boden schien in Bewegung geraten zu sein. Sie wollte sich anlehnen an die Schulter des Kriegers, sich bei ihm geborgen fühlen, in ihm versinken und ihn nie wieder loslassen.

Noch am selben Tag hielt der Krieger beim König um die Hand der Prinzessin an. »Ihre Majestät, lassen Sie mich Ihre Tochter, die gnädige Prinzessin, zur Frau nehmen. Ich werde ihr meine Liebe schenken und sie beschützen gegen all das Böse in dieser Welt. Ich werde sie ein Leben lang auf Händen tragen.«

Der König hatte es kommen sehen. Er fühlte sich ganz elend. Auch, weil er wusste, dass er keinen besseren Mann für seine Tochter finden würde. Und weil er sie dennoch nicht gehen lassen wollte. Der König schwieg lange, bis er sich zu einer Antwort durchrang. Er sagte weder Ja noch Nein, sondern stellte dem Krieger eine Aufgabe: eine, die selbst der beste und stärkste Kämpfer niemals würde lösen können. »Willst du die Prinzessin heiraten, musst du einen Auftrag erfüllen: Finde die Nacht und bringe sie zu uns zurück!«

Die Worte des Königs waren grausam wie ein Schwerthieb. Der Krieger schluckte schwer, um zu vermeiden, dass Tränen seine Augen nässten. Er wusste, was die Bedingung bedeutete: Er würde die Frau, die seine Liebe war, nicht lieben dürfen. Denn die Aufgabe war unlösbar. Die Nacht wiederfinden! Die Nacht konnte überall sein, oder nirgends mehr! Er musste es trotzdem versuchen. Er nickte tapfer und blickte dem König in die Augen. »Ich werde die Nacht wiederfinden.« Er würde alles daransetzen, dieses Versprechen zu erfüllen. Durfte er die Prinzessin nicht zur Frau haben, würde sein Herz zerbrechen und seine Seele zerreißen.

In den frühen Morgenstunden, die sich nicht anfühlten wie frühe Morgenstunden, weil die Sonne wie zu jeder Zeit hoch am Himmel stand, ritt der Krieger auf seiner weißen Stute los. Er warf keinen Blick zurück, doch er spürte, dass die Prinzessin im Schloss am Fenster stand und ihm nachschaute. Er zog von Ort zu Ort, fragte überall nach den Ältesten, besuchte die Greise in den Dörfern, die in ihren langen Leben das meiste Wissen gesammelt hatten. Die alten Männer erzählten dem Krieger viele Geschichten über die Nacht, Märchen über den Mond, Sagen über die Sterne. Doch wo sich die Nacht versteckt hielt, konnte ihm keiner sagen. Manche vermuteten, dass die Nacht hinter dem höchsten aller Berge einen endlosen Schlaf schlafe, dass der Teufel sie in die Hölle geholt habe, dass sie einen Krieg gegen die Sonne verloren hätte und für immer zerstört worden sei. Doch der Krieger hörte den Männern an, dass sie nur etwas sagten, um nicht ratlos zu wirken. Der Krieger wurde immer trauriger. Er war nicht mehr der stolze Reiter von einst. Er saß gebeugt auf seiner Stute wie ein gebrochener Mann. Die Hoffnung begann zu schwinden. Bis er in einem abgelegenen Ort auf einen Magier traf. Der sah aus, als wäre er weit über hundert Jahre alt. Tiefe Gräben zerfurchten sein Gesicht, das wirkte, als hätte er über jede Frage des Lebens nachgedacht und jedes Geheimnis der Erde ergründet.

Der Krieger durfte sich zu dem weisen Mann setzen. Sie zogen beide an einer hölzernen Pfeife. Rauchschwaden verharrten in der Luft.

»Junger Mann.« Der Magier hielt eine Hand des Kriegers in der seinen. »Ich weiß, wo du die Nacht suchen musst. Sie wird nicht schwierig zu finden sein, aber wenn du sie aufgespürt hast, wirst du kämpfen müssen. Doch dein Körper ist stark, und dein Herz ist mutig. Geh, und hol die Nacht zurück.« Er wies dem Krieger die Richtung. Dieser zögerte nicht. Er fühlte, dass der Mann die Wahrheit sprach.

Der Fluss, zu dem ihn der alte Magier geschickt hatte, war rötlich wie der Sand der Erde und träge wie ein müdes Tier. Der Krieger setzte sich ans Ufer und wartete – sieben Tage lang, an denen die Sonne nie unterging und die Nacht nie kam. Dann geschah es: Am siebten Tag tauchten plötzlich zwei gelblich braune Augen aus der trüben Brühe auf und starrten den Mann am Ufer an. Der Krieger wusste, dass er gefunden hatte, was er suchte. Nun musste er noch einen Kampf gewinnen.

»Sei geduldig«, hatte der Weise ihn ermahnt. Geduldig, schnell und kräftig müsse er sein, in dieser Reihenfolge. Und mutig noch dazu. Der Krieger blieb reglos am Ufer sitzen. Sein Schwert hielt er hinter dem Rücken versteckt. Minuten vergingen. Stunden verflossen. Das Krokodil fixierte den Krieger. Kein Blinzeln. Keine Bewegung. Nur die zwei Augen und die beiden Nasenlöcher lugten aus dem sumpfigen Wasser. Nach drei unerträglich langen Stunden riss es plötzlich seinen Rachen auf. Die vielen Zähne blitzten in der Sonne. Das Krokodil verharrte mit offenem Schlund, auch der Krieger regte sich nicht. Er wartete. Zwang sich, geduldig zu sein. Da bewegte sich das Krokodil in kaum wahrnehmbarem Tempo auf das Ufer zu. Dort angekommen, setzte es zuerst seinen linken Vorderfuß auf die Erde, dann den rechten. Langsam schob es sich vorwärts, bis es nur noch wenige Meter vom Menschen trennten. Der Krieger rührte sich nicht. Er wusste, dass das Krokodil ihn täuschte, wusste um seine Schnelligkeit, wenn es um Leben oder Sterben ging. Der Krieger konnte bereits seinen Atem riechen. In der gleichen Sekunde, als das Krokodil erneut den Rachen aufsperrte, griff der Krieger nach seinem Schwert und stach zu. Er schlug dem Tier die Klinge über die Stirn, einmal, zweimal, stach mit der Spitze zwischen die starren Augen. Das Krokodil wand sich, ein schrilles Pfeifen entwich seinem Schlund, sein Schwanz schlug ungestüm hin und her. In dem Moment, als sich das Krokodil aufbäumte und den Kopf in die Höhe riss, schlitzte ihm der Krieger mit einem Hieb die Kehle auf.

Das Krokodil stürzte tot zu Boden. Zähes Blut floss aus dem reglosen Körper und vermischte sich mit dem roten Sand. Der Krieger wälzte das Tier auf den Rücken und schnitt ihm den Bauch auf. Darin fand er, was ihm der Magier prophezeit hatte: eine Kokosnuss. Der Krieger griff sich die Kokosnuss, wog sie in seinen Händen und hielt sie sich ans Ohr. Da wusste er, dass er es geschafft hatte: Im Innern der Kokosnuss vernahm er die Geräusche der Nacht. Er hörte die Zikaden zirpen, die Eule rufen, den Wind flüstern, er hörte all die Laute, die am Tag keinen Platz auf der Welt fanden.

Der Krieger schlug die Kokosnuss entzwei. Augenblicklich wurde es dunkel um ihn herum. Der Mond stieg hinauf an den Himmel an seinen Platz, den er für eine viel zu lange Zeit verlassen hatte. Ein Stern nach dem anderen begann, am Nachthimmel zu funkeln, schließlich strahl-

ten die Sterne so hell wie nie zuvor. Die Nacht war wieder
da. Sie brachte der rastlosen Welt die Ruhe und die Stille,
nach denen sich die Menschen gesehnt hatten. Und sie
wärmte das Herz des mutigen Kriegers.

Er wusste, was er gewonnen hatte. Er schwang sich auf
den Rücken seines Pferdes und galoppierte, so schnell er
konnte, durch das Schwarz der Nacht zurück in die Stadt,
in der die Prinzessin schon auf ihn wartete. Bald würde
die größte aller Hochzeiten gefeiert werden. Sie sollte
eine ganze Nacht lang dauern. Der Vollmond würde dabei als Trauzeuge am Himmel stehen.

Als Sonne und Mond
sich scheiden ließen

Burkina Faso

Es ist schon eine ganze Weile her, da waren die Sonne und der Mond ein Ehepaar. Und sie hatten eine Heerschar von Kindern; sie waren die Eltern des Hahns und aller Sterne, die am Himmel stehen. Jeden Tag, wenn sich die Sonne erhob, um ihr Licht auf die Erde zu werfen, machte sich der Mond daran, die Mahlzeiten vorzubereiten. Alles lief wie von alleine, Tag für Tag und Nacht für Nacht, ohne Unterbrechung. Bis sich eines Tages der Hahn und seine Brüder, die Sterne, zu streiten begannen. Natürlich war das nicht ihr erster Streit. Wie ganz normale Geschwister hatten sie sich schon öfter gezankt. Doch dieses Mal artete es zu einem gehörigen Krach aus, ja mehr noch, zu einer regelrechten Schlägerei. Der Hahn und die Sterne begannen, sich zu prügeln, sie schlugen aufeinander ein und hörten selbst dann nicht auf, als schon Blut floss.

Aufgeschreckt durch den Lärm, kam der Mond herbei-geeilt. Energisch trieb er die Prügelknaben auseinander, und er zögerte nicht, sie zu bestrafen: Allesamt kriegten sie eins hinter die Ohren, und die Mahlzeiten waren für den gesamten Tag gestrichen.

Als am Abend die Sonne das Licht für die Erde aus-schaltete und zu ihrer Familie zurückkehrte, berichtete ihr der Mond, was die Kinder angestellt hatten. Die Sonne wurde feurig vor Zorn, als sie dies hörte, und sie schleuderte den Hahn und die Sterne kurzerhand auf die Erde hinunter.

Der Mond war darüber gar nicht glücklich. Schon öf-ter hatte er sich mit der Sonne darüber gestritten, wie sie die Kinder zu erziehen hatten. Doch nun war sie ein-deutig zu weit gegangen. Der Mond begann, um seine Kinder zu weinen. »Wie konntest du nur?«, rügte er die Sonne. »Das sind schließlich unsere Kinder! Wie kannst du so streng zu ihnen sein! Und überhaupt: Es ist der Hahn gewesen, der den Streit angezettelt hat. Die Sterne konnten gar nichts dafür.«

Jetzt ärgerte sich die Sonne noch mehr als zuvor, und dieses Mal galt ihr Zorn dem Mond. Sie glaubte, er falle ihr in den Rücken, und das ertrug sie gar nicht gut. Sie beschloss, dass es so nicht weitergehen konnte. Sie wollte nicht länger mit dem Mond zusammenleben. »Aus, vor-bei!«, rief die Sonne laut aus. »Unsere Ehe ist hiermit ge-schieden!«

Sie meinte es ernst, und es war unumkehrbar. Sie wollte dem Mond nicht mehr begegnen. »Hahn«, befahl die Sonne darum ihrem Sohn, der unten auf der Erde bleiben musste, »von nun an warnst du jeden Morgen deinen Vater Mond, sobald ich am Himmel erscheine – damit sich unsere Wege nie wieder kreuzen.«

Seither kräht der Hahn jeden Morgen traurig los, wenn die Sonne aufgeht, damit sich der Mond verstecken kann. Sonne und Mond sind sich seither nie mehr nahegekommen. Der einzige Trost, der dem Mond bleibt: All seine Sternenkinder sind in den Himmel zurückgekehrt und weichen ihm nicht von der Seite.

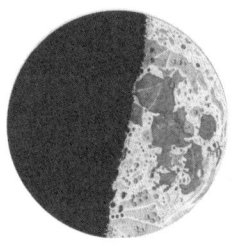

Die Mondjungfrau und
die Sonnenjungfrau

China

Es gab eine Zeit, die liegt so weit zurück, dass sich kein Mensch an sie erinnern kann. Damals standen der Mond und die Sonne noch nicht so hoch am Himmel, wie sie es heute tun; sie lebten ganz nahe an der Erde. Was ebenfalls niemand mehr weiß: Mond und Sonne waren dazumal zwei wunderschöne Jungfrauen. Es war schwierig, zu entscheiden, welche der beiden die Lieblichere war.

Weil Sonne und Mond so nahe bei der Erde standen, hatten sie eine besondere Beziehung zu den Menschen. Diese mussten nur den Kopf leicht heben, dann konnten sie mit den zwei Himmelsjungfrauen plaudern. Was sie sehr häufig taten. Ja, mehr noch: Sonne und Mond waren die besten Freunde der Erdenkinder. Die Kleinen fanden immer wieder irgendwo eine Leiter und liefen von zu Hause weg, um Sonne und Mond im Himmel zu besuchen. Stundenlang konnten sie dort oben auf den Wolken schaukeln. Im Himmel war alles wie verzaubert, sodass man es kaum mit Worten beschreiben kann. Der Fußboden war mit seidenen Schäfchenwolken bedeckt, die Vorhänge waren blassblaue Nebelschwaden. Und wenn sich die Kinder verabschiedeten, um auf die Erde zurückzukehren, pflückte ihnen die Mondjungfrau stets ein paar Sterne.

Natürlich kam es hin und wieder auch vor, dass Sonne und Mond den Menschen einen Besuch abstatteten. Stiegen die Mondjungfrau und die Sonnenjungfrau auf die Welt hinab, schloss selbst die Pfingstrose, die Königin der Blumen, beschämt ihre Blüte. Die Himmelsjungfrauen trugen Gewänder aus weißen Wolken, auf ihren Köpfen Diademe aus Morgenröte, und ihre Schürzen waren aus Regenbogen gewoben. Trotz ihrer Schönheit wurden Sonne und Mond nie hochmütig. Sie waren immer freundlich und hilfsbereit. Sie mochten die Menschen und zündeten Abend für Abend die Sterne für sie an, damit sie unten auf der Erde etwas sehen konnten.

Doch nichts währt ewig, weder im Himmel noch auf Erden. Und so kam es, dass sich ein Mensch mit bösen Gedanken unter das Erdenvolk mischte. Seine Seele war dunkler als die finsterste Nacht, seine Absichten so düster wie ein Nebeltag. Eines Tages beschloss dieser Mensch, in den Himmel hinaufzusteigen. Dort trampelte er mit seinen schmutzigen Schuhen auf den weißen Teppichen herum, er zerriss die wolkenblauen Vorhänge.

Kein Wunder, waren die beiden Himmelsjungfrauen wütend, als sie sahen, was in ihrem Reich angerichtet worden war. Sie waren so sehr verärgert, dass sie noch am gleichen Abend beschlossen, wegzuziehen, weg von der Erde, so hoch hinauf in den Himmel, dass sie nie mehr von solchen Störenfrieden belästigt werden konnten.

Als die Kinder am nächsten Morgen erwachten und in den Himmel blickten, erschraken sie. Wohin waren Sonne und Mond verschwunden? Wo waren die Himmelsjungfrauen, die ihnen doch gestern noch so nah gewesen waren? Sie riefen laut nach ihnen und vergossen Tränen, als sie keine Antwort erhielten.

Der Mondjungfrau taten ihre kleinen Lieblinge leid, als sie diese weit unten weinen hörte. Also nahm sie den langen Weg auf sich und stieg zu ihnen hinab, um mit ihnen zu spielen und ihnen Trost zu spenden. Doch das erwies sich als schlechte Idee. Kaum war sie auf der Erde angelangt, tauchte der Mensch auf, der nur böse Gedanken in sich trug. Er packte die Mondjungfrau und wollte sie um keinen Preis wieder loslassen.

Als die Sonnenjungfrau dies sah, stürzte sie, ohne zu zögern, herab, zog die Nadel aus ihrem hochgesteckten Haar und stach damit auf den bösen Menschen ein, sooft sie nur konnte, ja sogar in seine Augen steckte sie die Nadel. Sofort ließ der böse Mensch die Mondjungfrau los, er hielt sich die Hand vor die Augen und stolperte blind davon. Er wollte nur noch weg, nur weg! Und er wurde nie wieder gesehen.

Die Sonnenjungfrau trägt seither stets eine Nadel bei sich. Wehe dem, der es wagt, ihr ins Gesicht zu sehen! Sie beginnt sofort, ihn unerbittlich in die Augen zu stechen.

Die Mondjungfrau ist der Sonnenjungfrau ewig dafür dankbar, dass sie sie gerettet hat.

Sie ist sanftmütig geblieben und hat bis zum heutigen Tag die Menschen unten auf der Erde nicht vergessen; vor allem nicht die Kinder. Darum steht sie jeden Abend still am Himmel, blickt in alle Häuser hinein. Und wenn sie hinter einem Fenster schlafende Kinder entdeckt, streicht sie ihnen mit ihren kühlen Strahlen sanft übers Haar und schenkt ihnen abenteuerliche Träume.

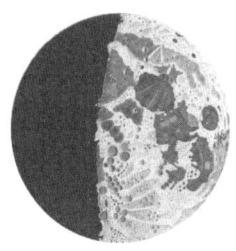

Die Schlange und
der leere Mond

Nach einer Sage aus Insulinde, Malaysia

Es war einmal ein junger Mann, der sich seinen Lohn als Kuhhirte verdiente. Der Bauer bezahlte ihn eher schlecht als recht, es reichte kaum zum Leben. Aber der junge Hirte liebte die Kühe, die er alle mit Namen kannte. Er mochte, wie ihr Fell auf ihren Köpfen roch, vorne an der Stirn. Er liebte ihre schwarzrunden Augen, deren Tiefe seiner Meinung nach bewies, dass die Kühe weiser waren als viele Menschen. Mit den Tieren über die Felder zu ziehen, tat seiner Seele gut; das war seine Freiheit. Stets vorwärtsgehen, nicht sesshaft werden. Darum gab sich der Hirte mit dem kargen Lohn zufrieden. Seine Zufriedenheit war ihm wertvoller als jedes Geld.

An einem Tag in jenem heißen Sommer vor vielen Jahren kam es jedoch zu einer unheilvollen Begegnung. Der Hirte hatte gerade Rast gemacht. Er ließ die Kühe an einem kühlen Waldrand weiden und suchte sich eine Baumwurzel, in der er es sich bequem machen konnte. Auf einmal fiel ein gewaltiger Regen vom Himmel. Es regnete derart heftig und in so fetten Tropfen, dass nicht nur der Hirte, sondern sogar die Kühe, so schnell sie konnten, in den Wald hineinrannten, um unter den Blättern der Bäume Schutz zu finden.

Sie hatten falsch gedacht. Sie waren nicht in einen schützenden Wald geraten. Im Gegenteil. Plötzlich hörte der Hirte hinter sich ein Zischen, das ihm in den Ohren wehtat. Er wirbelte herum und erschrak fürchterlich: Hinter ihm stand ein grässliches Ungeheuer. Es hatte die Gestalt einer Schlange. In seinen giftig gelben Augen erkannte der Hirte einen schwarzen Pfeil. Die Zunge war gespalten, und die Haut bestand aus grünen Schuppen. Mit seinem Schwanz hielt das Schlangenmonster drei Eier umschlossen, mit seinem Kopf sah es mal nach links, mal nach rechts; es hielt Ausschau nach etwas Essbarem. Immer wieder schoss die Zunge blitzschnell aus seinem Mund, um ebenso rasch wieder darin zu verschwinden.

Der Hirte wusste sofort, was geschehen war: Er war in den Bereich der Hala na godang geraten, in das Reich der Großen Schlange. Er fürchtete, sein Herz würde vor Schreck vergessen zu schlagen. Starr stand er da und sah zu dem Untier hinauf. Am liebsten wäre er sofort tot umgefallen. In seinem Kopf jagte ein Gedanke den anderen. Was soll ich tun? Kämpfen? Oder wegrennen? Und die Kühe? Noch ehe er die Fragen alle zu Ende gedacht hatte, war ihm klar, dass er kämpfen musste. Dass er seine Tiere nicht hilflos der Schlange überlassen konnte. Er würde kämpfen. Nur wusste er nicht, wie.

Der junge Hirte blickte sich um und griff in Todesangst zur einzigen Waffe, die verfügbar war: Er hob Steine vom Boden auf und schleuderte sie gegen die Große Schlange. Doch der Hirte war noch nie ein guter Schütze gewesen. Und die Todesangst, die sich in seinem Nacken festgebissen hatte, ließ seine Hände zittern, als er die Steine warf. Sein einziger Erfolg war, dass die Eier zerbrachen, welche die Schlange mit ihrem Schwanz umschlossen hielt.

»Schschschschsch!«, zischte sie dem Hirten wütend ins Gesicht. Ihre Zunge berührte beinahe seine Nasenspitze. Ihre Augen loderten. »Du hast meine Eier zerbrochen! Du hast meinen Kindern das Leben geraubt! Dafür nehme ich jetzt dein Leben!« Sie bäumte sich auf und wurde noch furchteinflößender.

Seine Vorsätze, sich dem Kampf zu stellen, um die Kühe zu schützen, waren verflogen. Er hetzte davon, er rannte, so schnell ihn seine Beine rennen ließen und es seine keuchende Lunge aushielt, immer weiter und weiter. Er rannte in langen Schritten und machte riesige Sätze, während die Schlange in großen Windungen hinter ihm herrollte. Sie kam ihm bedrohlich nahe, doch er war schneller. Sosehr sich das Schlangenmonster auch bemühte, es konnte ihn nicht einholen.

Bis es plötzlich nicht mehr weiterging. Der Hirte war am Ende der Welt angekommen. Kurz entschlossen sprang er in den leeren Raum, ungeachtet dessen, was ihn dort erwarten könnte. Und die Schlange folgte ihm nach.

Da erblickte der Hirte den Mond, der seine Runden

um die Erde drehte. Er eilte auf ihn zu. »Mond, Mond!«, flehte der Hirte. »Ich brauche deine Hilfe! Das Schlangenmonster will mich töten! Bitte, rette mich.«

Doch da war auch schon die Schlange beim Mond angekommen und erzählte ihm von der bösen Tat des Hirten. »Er hat meine Kinder getötet – darum muss auch er jetzt sterben, das ist seine gerechte Strafe.«

Der Mond blickte den Hirten und die Schlange überrascht an, die erwartungsvoll vor ihm standen. Eine komplizierte Situation, dachte der Mond für sich. Er war noch nie der Schnellste gewesen, wenn es darum ging, Entscheide zu fällen. Natürlich wollte er den Hirten gerne retten. Doch er wusste nicht, wie. Denn auch der Kummer der Schlange war berechtigt. Also beschloss der Mond, die Sonne beizuziehen und das unerwartet aufgetretene Problem mit ihr zu besprechen. Er wies Schlange und Hirten an zu warten.

Nach einiger Zeit kehrte der Mond von seiner Beratung mit der Sonne zurück. »Wir haben eine Lösung gefunden für euer Problem. Wir schlagen dir vor, dem Hirten eine Geldstrafe aufzuerlegen«, sagte er zur Schlange.

»Pah!«, zischte diese zurück. »Eine Geldstrafe! Was soll mir das bringen? Meine Kinder werden dadurch nicht wieder lebendig.«

Der Hirte, der schon Hoffnung geschöpft hatte, doch noch lebend zu entkommen, zuckte zusammen.

»Ich bestehe darauf, diesen Menschen, der meine Eier zerstört hat, zu verschlingen«, züngelte die Schlange.

Doch weder die Sonne noch der Mond wollten zulassen, dass sie den Hirten verspeiste. Sie wussten nicht weiter. Schließlich fasste der sonst so entscheidungsunwillige Mond einen großmütigen Entschluss. »Schlange, ich verstehe deinen Zorn«, sagte er zum Ungeheuer. »Und weil du nicht darauf verzichten willst, den Hirten zu verzehren, mache ich dir ein Gegenangebot. Anstelle des Hirten wirst du mich verschlingen, und zwar darfst du mich nicht nur einmal, sondern jeden Monat von Neuem fressen.«

Die Schlange überlegte kurz, warf dem mageren Hirten einen letzten abschätzigen Blick zu und nickte schließlich. Sie konnte dem Angebot nicht widerstehen.

So kam es, dass der Mond, der nach seinem Tod immer wieder neugeboren wird, alle neunundzwanzig Tage nicht sichtbar ist, denn dann hat ihn gerade die Schlange verschluckt.

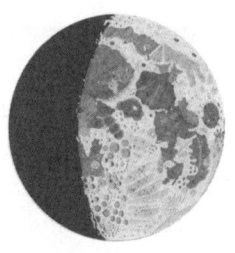

Der teuflische Färber
des Mondes

Estland

Die Welt war beinahe fertig gebaut und schon fast so schön, wie sie heute ist. Und doch war Altvater, der dieses Werk geschaffen hatte, noch nicht richtig zufrieden. Denn die Beleuchtung war mangelhaft. Während des Tages sah das Ganze zwar zufriedenstellend aus: Die Sonne zog ihre Bahn quer über den Himmel und leuchtete die Erde aus.

Am Abend indes, nachdem die Sonne rot im Meer versunken war, legte sich eine undurchdringbare Schwärze auf das Land. Die Nacht verbarg in ihrer Finsternis alles, was auf der Erde geschah.

Altvater kannte einen Mann, der ihm schon oft geholfen hatte und der auch dieses Problem würde lösen können: Ilmarinen, der Schmied. Altvater suchte ihn auf und erteilte ihm einen nicht ganz so einfachen Auftrag:

»Sorge dafür, dass es fortan nicht nur bei Tage, sondern auch in den Nächten auf der Erde hell ist!«

Ilmarinen konnte und wollte sich diesen Auftrag natürlich nicht entgehen lassen. Er dachte eine Weile darüber nach, dann trat er zu seiner Feuerstelle, auf der er bereits das ganze Himmelsgewölbe geschmiedet hatte, griff zum flüssigen Silber und goss daraus eine gewaltige Kugel. Er überzog sie mit einer Goldschicht, setzte ein Feuer in sie hinein und legte sie hinter den Horizont. Der Schmied wies die Kugel an, in der Nacht durch den Himmel zu wandern und für die Welt zu leuchten. Kaum hatte er die Mondkugel platziert, schmiedete Ilmarinen so viele Sterne, dass er sie gar nicht zählen konnte. Er schenkte einem jeden einen leicht goldenen Schimmer und setzte ihn an seinen Platz im Himmelsgewölbe.

Als sich die Sonne am gleichen Abend nach einem langen Tag zur Ruhe legte, stieg am Rande des Himmels der goldene Mond auf. Er leuchtete über der Erde, gerade so, wie es zuvor die Sonne getan hatte, und vertrieb das Dunkel der Nacht. Neben ihm funkelten die Sterne und begleiteten ihn wie einen König, so lange, bis er am anderen Ende des Himmels angelangt war. Dort versanken Mond und Sterne hinter dem Horizont, und die Sonne trat wiederum an ihre Stelle. So schien fortan bei Tag wie auch bei Nacht ein gleichmäßiges Licht auf die Erde hinab. Denn der Mond war ebenso klar und rein wie die Sonne. Ihr Licht war nicht zu unterscheiden. Und doch: Während die Sonne heiß brannte, waren die Strahlen des Mondes kühl. So kam es, dass die Menschen unter der Hitze der Sonne die Arbeit stehen ließen, weil es zu anstrengend wurde – stattdessen erledigten sie, was zu tun war, unter dem kühlen, hellen Schein des Mondes. Die Menschen waren glücklich, dass sie ihn von Altvater geschenkt erhalten hatten.

Doch nicht alle teilten ihre Freude. Es gab jemanden, der ärgerte sich sehr darüber, dass nun in der Nacht ein Mond am Himmel stand und diese zum Tage machte: der Teufel. Denn in der Nacht war es jetzt so hell, dass er keine Untaten mehr treiben konnte. Zog der Teufel los zu seiner Jagd auf unschuldige Seelen, erkannten ihn die Menschen schon aus meilenweiter Entfernung, und vertrieben ihn mit Fluch und Schand. So konnte es nicht weitergehen. Er brauchte einen Plan.

Der Teufel überlegte Tag und Nacht, was er anstellen könnte, damit er wieder zu einem erfolgreichen Seelenjäger würde. Kleine Dampfwolken stiegen aus seinem Kopf, so sehr strengte er sich an. Ohne Erfolg. Er rief seine zwei treusten Gesellen herbei, doch die konnten ihm auch nicht helfen. Zu dritt wälzten sie Ideen und verwarfen sie wieder; eine Lösung wollte ihnen partout nicht einfallen.

Als sie auch in der siebten Nacht ohne Nahrung waren, ohne eine Seele weit und breit, die sie hätten verzehren können, schmerzten ihre Mägen, weil sie leer waren, und ihre Köpfe, weil sie zu viel nachgedacht hatten. Gerade als sie in ihrer aussichtslosen Lage aufgeben wollten, hatte der Teufel plötzlich einen Einfall. »Ich habs!«, rief er so laut, dass seine zwei Gesellen erschrocken zusammenfuhren. »Wenn wir unsere Leben retten wollen, müssen wir den Mond fortschaffen. Gibt es keinen Mond mehr am Himmel, können wir wieder unbesorgt Seelen jagen.«

Die beiden Gesellen des Teufels waren wenig begeistert. »Sollen wir etwa den Mond vom Himmel herunterholen?«, fragte der eine. Ihm war anzuhören, dass er diesen Plan für unmöglich hielt.

»Nein. Den bekommen wir wohl nicht vom Himmel herunter. Wir müssen es besser machen! Ich verstehe nicht, warum uns das nicht früher eingefallen ist!«

»Was eingefallen ist?«

»Na, die Lösung!«, rief der Teufel ungeduldig. »Wir nehmen einen Eimer voller Teer und schmieren den Mond damit an, bis er schwarz ist. Dann mag er am Himmel weiter seine Bahnen ziehen, aber das wird uns nicht mehr kümmern.«

Das Volk in der Hölle war begeistert, als es von der Idee des Teufels hörte. Alle wollten sich sofort ans Werk machen. Aber es war schon spät geworden. Der Mond stahl sich gerade davon, und auf der anderen Seite kitzelten bereits die ersten Sonnenstrahlen am Himmel. So nutzten die Teufelsarbeiter den Tag, um sich auf die Nacht der Nächte vorzubereiten. Der Böse war ausgezogen und hatte eine Tonne Teer gestohlen. Er brachte den Teer in den Wald zu seinen Knechten. Diese waren gerade damit beschäftigt, aus sieben Stücken eine lange Leiter zusammenzubinden. Jedes der Stücke maß sieben Klafter, also sieben mal so viel, wie zwischen den Fingerspitzen der rechten und der linken Hand liegt, wenn ein Mann seine Arme ausstreckt. Als die Leiter zusammengebunden war, schafften die Knechte einen großen Eimer herbei. Aus Lindenbast banden sie einen Pinsel, den sie an einen langen Stiel steckten. Als sie mit ihrer

Arbeit fertig waren, setzten sie sich hin und warteten auf die Nacht.

Kaum zeichnete sich der erste Schimmer des Mondes am Himmel ab, lud sich der Teufel die Leiter auf die Schulter und wies seine zwei treusten Gesellen an, ihm mit Eimer und Pinsel zu folgen. Als sie am Horizont angekommen waren, füllten sie den Eimer mit Teer, schütteten Asche hinzu und tauchten den Pinsel in die schwarze Brühe. Im selben Augenblick lugte auch schon der Mond hinter den Bäumen hervor. Hastig richteten sie die Leiter auf. Der Teufel gab einem seiner Knechte den Eimer in die Hand und befahl ihm, hochzusteigen. Der andere sollte ihm helfen, die Leiter festzuhalten.

Der Teufel war stark, stärker als sein Geselle. Dieser vermochte die schwere Last kaum zu halten, auch stellte er sich nicht sehr geschickt an. Die Leiter begann, mehr und mehr zu wanken. Schließlich schlingerte sie so stark, dass der zweite Knecht oben auf den Sprossen den Tritt verlor und mitsamt dem Eimer voller Teer hinunterstürzte. Er landete direkt auf dem Teufel.

Dieser prustete und schüttelte sich wie ein nasser Bär und fing an, gewaltig zu fluchen. Er ließ die Leiter los, die krachend zu Boden fiel und in tausend Stücke zersprang. Nichts war aufgegangen in seinem Plan. Nicht der Mond, sondern er selbst saß nun da, mit Teer und Asche übergossen. Der Teufel schrie seine Wut heraus, ein Schrei, so grässlich, dass die Welt erzitterte.

Der Teufel konnte sich schrubben und waschen und scheuern, schaben und kratzen am ganzen Leib – die schwarze Farbe aus Teer und Ruß blieb an ihm haften. Er würde sie nie wieder loswerden. Trotz allem wollte sich der Teufel nicht von seinem Vorhaben abbringen lassen. Es blieb ihm auch nichts anderes übrig, als einen neuen Versuch zu wagen; sonst würden er selbst und die Höllengesellen verhungern.

Deshalb stahl er am nächsten Tag erneut sieben Leitern, ließ sie von seinen Knechten zusammenbinden und schaffte sie an den Waldrand, dort, wo der Mond jeweils am tiefsten stand. Als dieser am Abend hinter den Bäumen hervorkam, rammte der Teufel die Leiter in den Boden, hielt sie alleine mit beiden Händen fest und schickte dieses Mal seinen anderen Gesellen hinauf zum Mond.

Der Knecht kletterte, so schnell er konnte, hoch und gelangte mit seinem Eimer voller Teer und Ruß auf die letzte Sprosse. Im selben Moment erschien der Mond am Himmel. Der Teufel hob die Leiter eiligst an. Und welch ein Glück! Sie war gerade lang genug, dass sie mit der Spitze an den Mond heranreichte. Der Knecht des Teufels zögerte keine Sekunde: Er tunkte den gewaltigen Pinsel in das Pech. Doch es war gar nicht so einfach, zuoberst auf einer Leiter zu balancieren und dem Mond mit einem Pinsel über das Gesicht zu fahren. Zumal der Mond nicht an einem Ort stehen blieb, sondern ohne Pause seine Bahn am Himmel zog und leise vorwärtsschritt. Der Knecht aber war nicht dumm. Er band sich mit einem Seil am Mond fest, sodass er nicht herunterfallen konnte. Dann griff er erneut nach dem Pinsel, tauchte ihn in den Eimer und begann, zuerst die hintere Seite des Mondes zu schwärzen. Doch die dicke Goldschicht, die der Schmied Ilmarinen dem Mond aufgetragen hatte, wollte keinen Schmutz leiden; sie nahm die Farbe kaum an. Der Knecht strich und schmierte, und schließlich gelang es ihm doch, die Hinterseite des Mondes mit Teer zu überziehen.

Weit unter ihm schaute der Teufel gebannt zu. Als die eine Seite des Mondes dunkel war und er sein Werk schon zur Hälfte vollendet sah, sprang er vor Freude von einem Bein aufs andere. Der Knecht oben auf der Leiter verschnaufte kurz, dann machte er sich daran, die zweite Seite des Mondes zu schwärzen.

Doch da erwachte auf einmal Altvater. Erstaunt stellte er fest, dass es auf der Hälfte der Welt dunkel geworden war, obwohl keine Wolke am Himmel stand.

»Was zum Teufel …?«, fragte sich Altvater. Er kratzte sich am Kopf und rieb sich den letzten Schlaf aus den Augen. Als er sich die Angelegenheit genauer anschaute, erkannte er einen Mann auf dem Mond, der eben einen Pinsel in einen Teer-Eimer tauchte, um auch die andere Seite des Mondes schwarz zu machen. Und unten auf der Erde sah er den Teufel, der neben einer Leiter wie ein wild gewordener Ziegenbock umherhüpfte.

Altvater tobte. »Solche Streiche spielt ihr hinter meinem Rücken!«, rief er zornig zum Teufel hinab. »Ich werde euch dafür bestrafen! Du …«, Altvater zeigte mit seinem knorrigen Finger auf den Knecht, der auf dem Mond saß, »… du böser Geselle sollst für immer dort bleiben, wo du gerade bist, auf dem Mond, wo dich alle sehen können. Das wird jedem eine Warnung sein, der nur daran denkt, der Welt das Licht stehlen zu wollen!«

Seit jener längst vergangenen Nacht ist der Mond mal

voll, mal leer – und auf seiner hellen Seite ist der Teufels-knecht zu erkennen, der mit Eimer und Pinsel für immer dort sitzen bleiben muss. Und dies, obwohl der Mond selbst gar keine Freude daran hat, dass er den ungebete-nen Gast nie mehr loswerden soll. Sein Schein ist blasser geworden.

Doch der Mond hat die Hoffnung noch nicht ganz aufgegeben, dass er irgendwann wieder so hell erstrahlt wie einst. Darum steigt er hin und wieder auf die Welt hi-nab und taucht hinein ins Meer, um sich vom Pech und von dem unliebsamen Knecht reinzuwaschen. Aber es er-geht dem Mond nicht besser als dem Teufel: Die Flecken bleiben haften. Auf ewig.

Das Indianermädchen

Nach einer Indianer-Sage, Nordamerika

Es war einmal ein Indianermädchen. Das lebte mit seiner steinalten Großmutter fernab von allen Menschen. Die alte Frau hatte das Kind, das weder Mutter noch Vater hatte, alleine großgezogen. Es war ihr die liebste Enkelin. Und es war das schönste Indianermädchen, das die Welt je gesehen hatte.

Lange Zeit wunderte sich das Mädchen nicht darüber, dass die Welt nur aus ihm und seiner Großmutter zu bestehen schien. Doch als es zur jungen Frau heranwuchs, mehrten sich die Fragen in seinem Kopf und sie wollten ihm keine Ruhe lassen.

»Gibt es denn außer uns beiden gar keine Menschen auf dieser Welt?«, fragte es eines Morgens seine Großmutter, als es nicht länger darüber schweigen konnte.

»Leider nein, meine Kleine.« Trauer lag in Großmutters Blick. »Wir sind die Einzigen, die übrig geblieben sind. Früher, da war die Erde voller Männer und Frauen und Kinder. Doch sie führten alle einen schlechten Lebenswandel, sodass der Große Geist sie vernichten ließ.«

»Warum sind denn wir beide übrig geblieben?«

»Weil ich zu dieser Zeit über ungewöhnliche Medizinkräfte verfügte. Sonst hätten wir beide auch nicht überlebt.«

Die Enkelin liebte ihre Großmutter über alles. Und sie wusste, sie war eine weise Frau. Aber dennoch: Die Geschichte kam ihr merkwürdig vor. Wenn Großmutter sich hatte retten können, sich selbst und auch mich noch mit dazu, dachte die junge Frau, dann muss es gewiss noch andere Menschen geben, die dem Untergang entronnen sind. Sie konnte einfach nicht anders: Sie musste herausfinden, ob es da sonst noch jemanden gab. Also beschloss sie, in die Welt hinauszuziehen und nachzusehen, ob diese wirklich ausgestorben war. Die junge Frau nähte sich zehn Paar Mokassins, sie füllte ihre Tasche mit Proviant und zog sich die gute Hose an, die magische Kräfte hatte. So ausgestattet, machte sie sich auf den Weg. Abend für Abend zog sie ihre Hose aus und schickte sie zurück zur Großmutter, damit diese ihr über das Erlebte berichten konnte.

Neun Tage lang war das Mädchen in der Einsamkeit unterwegs. Nichts deutete darauf hin, dass es außer ihm noch Menschen gab auf diesem Planeten. Am Morgen des zehnten Tages jedoch stand das Mädchen ganz unverhofft vor einer großen Hütte. Es rief laut: »Hallo!« Aber alles blieb still. Da öffnete es vorsichtig die Tür. Dreizehn Zimmer zählte die Hütte. Nur: Es schien keiner da zu sein. Der Besitzer ist wohl zur Jagd gegangen, sagte sich das Mädchen und beschloss zu warten. Es setzte sich dicht neben die Tür, sah zu, wie der Tag verging und es langsam Nacht wurde. Da hörte es draußen etwas. Stimmen!

Der Reihe nach kamen dreizehn Brüder nach Hause. Sie setzten sich an einen Tisch. Erst der zehnte Bruder bemerkte die junge Frau, die schüchtern neben der Tür saß. Er ging auf sie zu, ergriff ihre Hand und führte sie zu seinem Platz. »Mein liebes Mädchen, wie freue ich mich, dass ich dich gefunden habe!« Seine Augen strahlten. Er schien es ehrlich zu meinen. »Denn ich bin es herzlich satt, weiterhin meine Mokassins zu nähen. Ich hoffe, dass du mir diese Arbeit von jetzt an abnehmen wirst.«

Das Mädchen, das keine Erfahrung mit anderen Menschen außer mit seiner Großmutter hatte, dachte, dass es so wohl sein musste. Und es mochte das Lachen und die Augen des zehnten Bruders. Also willigte es ein. Die beiden heirateten, und es verging kein Jahr, da gebar das Mädchen dem zehnten Bruder einen Sohn.

Doch nicht immer hält sich das Leben an die Wünsche der Menschen. So kam es, dass das Büblein nach wenigen Tagen verstarb. Der Vater war derart traurig über den Verlust, dass auch ihn nichts mehr im Leben hielt. Und wieder stand die junge Frau ganz alleine da. Da bot sich ihr der jüngste Bruder zur Hochzeit an. Das Mädchen sagte dankbar Ja. Doch kaum waren sie Mann und Frau, starb er bei der Jagd. Also ehelichte die junge Frau den nächstälteren Bruder, der auch nicht lange überlebte. Daraufhin heiratete sie den nächsten und den übernächsten Bruder, denn alle Ehemänner starben ihr weg. Bis sie schließlich dem Ältesten die Ehe versprach.

Nur: Dieser liebte sie nicht. Die junge Frau wurde trauriger und trauriger. Bis sie beschloss, den dunklen Ort, an dem sie ihr Kind und all ihre Männer und schließlich auch die Liebe verloren hatte, heimlich zu verlassen.

Das Haus der Familie war gebaut wie eine Medizinhütte: Es gab einen Eingang auf der östlichen und einen Ausgang auf der westlichen Seite. Durch diesen Ausgang versuchte die junge Frau zu fliehen. Sie zog den Türpfosten aus der Erde, kroch in das Loch hinein und verschwand spurlos. Der Pfosten nahm nach ihrem Verschwinden seine alte Stelle wieder ein, als ob nichts geschehen wäre.

So gelangte die junge Frau ans Ende der Welt. Als sie das Ufer eines Flusses erreichte, saß dort ein alter Mann und fischte. Er hieß Menabuscho, der Freund der Menschen, und war der Sohn eines Manitus. Die junge Frau erkannte sofort, dass sie ihm vertrauen konnte. »Alter Mann«, sagte sie, »ich habe mein Kind, all meine Männer und meine Liebe verloren. Ein mächtiger Geist quält und verfolgt mich. Was kann ich nur tun?«

Menabuscho schwieg. Die junge Frau war nicht sicher, ob er sie gehört hatte; sie wiederholte die Frage ein erstes und ein zweites Mal.

»Du störst mich«, lautete die Antwort, die sie schließlich vom Alten erhielt. »Außer mir gibt es keinen mächtigen Geist auf der Welt, geh nur getrost weiter.« Er hob seine Hand und zeigte Richtung Westen hinauf in die Luft.

Die junge Frau tat, was der Alte ihr gesagt hatte, und stieg hinauf in die Höhe, hinein in den Himmel. Und sie verwandelte sich in den Mond, der bis heute um die Erde dreht.

Was sie nicht wusste: Ihr Ehemann wollte sie zurückhaben und hatte die Nächte durchwacht, er hatte in allen Richtungen gesucht, aber nirgends eine Spur von ihr gefunden. Bis er schließlich sämtliche Pfosten seines Wigwams aus der Erde zog. Da entdeckte er, dass sie beim westlichen Ausgang durch eine Höhle entwischt sein musste. Er war ihr hinterhergeeilt und stieß kurz nach ihr ebenfalls auf Menabuscho. »Hast du meine Frau gesehen?«, fragte er den Alten.

Stille.

»Hast du meine Frau gesehen?« Der Ehemann sprach lauter jetzt. Doch er erhielt erneut keine Antwort. Auch beim dritten Anlauf schwieg Menabuscho. Der Ehemann wurde wütend, er schubste den Alten und wurde grob, bis sich Menabuscho schließlich verärgert umdrehte und ihm sagte: »Es ist allerdings eine Frau diesen Weg gekommen, aber dir gehört sie nicht!«

Als der Ehemann das hörte, setzte er sich sofort wieder in Bewegung, um seine Verfolgung fortzusetzen.

»Du sollst deiner Frau nachlaufen, solange die Erde sich dreht, und die Menschen werden dich Gischiguhk nennen – Tagmacher!«, rief Menabuscho ihm hinterher. Es hörte sich an wie ein Fluch, den er auf ihn legte. Und er wurde wahr.

Als die junge Frau, die jetzt der Mond der Erde war, davon hörte, stieg sie noch einmal zu Menabuscho hinab. Sie bedankte sich bei dem Alten für ihre Rettung. Und sie flüsterte ihm noch eine andere Wichtigkeit ins Ohr:

nämlich, dass sie bei sich zu Hause noch ein rüstiges und liebenswürdiges Großmütterchen habe, das er sich zur Frau nehmen könne. Schmunzelnd legte Menabuscho seine Angel nieder. Er marschierte schnurstracks zur Großmutter. Und alle Kinder, die die beiden zur Welt brachten, wurden zu den Menschen der Erde.

Die junge Frau, die fortan als Mond am Himmel stand, wurde von den Menschen später Tibikdschisis oder »die Sonne der Nacht« genannt. Der älteste der dreizehn Brüder, der sich von ihr betrogen fühlte, verwandelte sich zur Sonne und rennt Tibikdschisis bis heute hinterher, ohne sie je erreichen zu können. Und die zwölf anderen Brüder sind die Monate des Jahres, die bei der Berührung mit Tibikdschisis der Reihe nach immer von Neuem sterben.

Das Mondmädchen

Nach einer Legende aus Mikronesien

Es gab eine Zeit, da lachten die Menschen noch nicht über jene, die an Geister glaubten. Im Gegenteil: In dieser anderen Zeit wussten die Menschen, dass Geister existierten, und sie sprachen sogar mit ihnen. Auch Ejiawanoko redete hin und wieder mit diesen Wesen, die sich nur halb in unserer Welt befanden. Ejiawanoko war ein junges Mädchen, das mit seiner Großmutter auf der Insel Nauru unter einem mächtigen Baum lebte. Der Baum trug den Namen Inkumateri. Inkumateri war ein besonderer Baum. Seine obersten Zweige reichten so hoch hinauf, dass sie den Himmel berühren konnten. Seine Äste und sein Laub waren so dicht, dass kein einziger Sonnenstrahl sie durchdrang. Selbst bei Regen und Sturm hielt der Baum Inkumateri jeden Tropfen von Ejiawanoko und ihrer Großmutter fern.

An einem frühen Morgen, als die Großmutter unter dem schützenden Blätterdach erwachte und auf ihre schlafende Enkelin blickte, erkannte sie, wie groß das Mädchen schon geworden war. In seinen Gesichtszügen konnte sie bereits die Frau erahnen, die Ejiawanoko bald sein würde. Es ist an der Zeit, dachte die Großmutter, für das Mädchen einen guten Mann zu finden. Nur: Das war einfacher gedacht als getan. Sie betrachtete ihre unbeschreiblich hübsche Enkelin, die eine wunderschöne Frau werden würde. Die schönste überhaupt. Sie verdiente den besten Mann, den man sich nur vorstellen konnte. Mehr noch: Der Mann, der ihre Enkelin zur Frau bekommen sollte, musste ein Gott sein. Doch wie ließ sich das nur anstellen?

Die Großmutter zögerte nicht lange. Sie hatte schon eine Ahnung, wo ein Ehemann zu finden war. Sachte weckte sie Ejiawanoko aus ihrem Schlaf. »Ejiawanoko, es ist an der Zeit«, sagte sie mit einem Lächeln. »Du musst daran denken, dich zu verheiraten – und ich weiß, dass es viele Männer gibt, die für dich durch Feuer und Wasser gehen würden.« Sie strich ihrer Enkelin eine Strähne aus dem Gesicht. »Aber ich habe schon für dich gewählt.«

Erschrocken schaute Ejiawanoko ihre Großmutter an. Einen Mann suchen? Darauf hatte sie keine Lust. War sie dafür nicht noch viel zu jung?

Doch die Großmutter fuhr unbeirrt fort: »Morgen früh, bevor die Sonne aufgeht, musst du dich auf eine Reise vorbereiten. Salbe deinen Körper mit wohlriechendem Öl ein und schmücke dich mit Blumen. Danach steigst du auf unseren Baum, auf Inkumateri. Du weißt, dass die Stufen an seinem Stamm bis in den Himmel reichen, so hoch hinauf, wie sich nur wenige gewagt haben.«

Ejiawanoko nickte. Natürlich wusste sie das. Und sie wusste auch, was man sich erzählte: Nämlich dass jeder, der versuchte, bis hinauf in den Himmel zu steigen, den sicheren Tod erlitt. Sie fragte sich, ob ihre Großmutter wirklich ernst meinte, was sie von ihr verlangte. Aber es stand Ejiawanoko nicht zu, der älteren Frau zu widersprechen. Also hörte sie ihr weiter aufmerksam zu.

»Ich weiß, man berichtet, dass sterben wird, wer versucht, so hoch hinaufzuklettern. Du aber kannst ohne Furcht hinaufsteigen. Ich werde einen Zauber sprechen, der dich vor Unheil bewahren wird.«

Also tat Ejiawanoko, wie ihr geheißen. Sie bereitete sich auf die Reise vor und begann, den Baum hinaufzusteigen. Es fühlte sich an, als würde sie vom Zauberspruch getragen: Rasch und gefahrlos legte sie den Weg über die Äste zurück. Bald schon drangen die ersten Sonnenstrahlen zu ihr durch, wenig später konnte sie den Himmel über sich erkennen. Sie war zuoberst im Baum angekommen. Zu ihrer Überraschung war sie nicht allein: Sie entdeckte in den Zweigen ein kleines Haus, daneben saß ein altes blindes Mütterlein. Es kochte auf heißen Steinen Palmwein zu Sirup ein und füllte ihn in Kokosschalen ab. Eifrig rührte es in der Pfanne und zählte die Schälchen vor sich ab, um keines zu verfehlen, da es ja nichts sehen konnte. Ejiawanoko hatte sich der Frau leise genähert. Und jedes Mal, wenn das Mütterchen mit Zählen fertig war, nahm ihm Ejiawanoko heimlich ein volles Schälchen weg.

»Was ist bloß los?«, rief die alte Frau plötzlich. »Es werden immer weniger Schalen! Ist da irgendjemand?« Das blinde Mütterchen wirkte verwirrt, schließlich konnten die Schalen ja nicht davongerannt sein. Kaum war das Mütterchen erneut mit Zählen fertig, griff es zu, so schnell, wie es sich selbst nicht zugetraut hätte, und prompt erwischte es Ejiawanokos Hand, die nach einer vollen Schale Sirup griff.

»Hab ich dich!«, rief die Alte freudig aus. »Wer bist du? Und was ist das für ein übler Streich, einer armen blinden Frau den Sirup zu stehlen?«

Ejiawanoko erstarrte vor Schreck und sagte kein Wort.

»Dafür wirst du büßen«, wetterte das Mütterchen. »Meine beiden Söhne Iguan und Merrimen werden kommen und dich töten, wenn sie hören, was du ihrer Mutter angetan hast!«

Endlich fand Ejiawanoko wieder Worte. »Hab Erbarmen, altes Mütterchen, es war doch nur ein kleiner Scherz. Vergib mir, und ich verspreche dir, dass ich niemals wieder etwas Derartiges machen werde. Und bitte, lass meinen Arm los, du tust mir weh.«

Doch das Mütterchen dachte nicht daran. Sie wollte das freche Ding auf keinen Fall entkommen lassen und hielt den Arm des Mädchens weiterhin fest umklammert. »Mein Name ist Eniburara, ich bin die Mutter von Iguan und Merrimen und koche jeden Morgen Sirup für die beiden.« Sie klang schon nicht mehr ganz so böse. »Jetzt aber habe ich nichts für meine Söhne, weil du mir die Schalen gestohlen hast.«

Ejiawanoko hatte plötzlich Mitleid. »Liebe Eniburara«, sagte sie. »Wenn du mich loslässt, tue ich alles, worum du mich bittest. Ich stehe in deiner Schuld. Lasse mich deine Dienerin sein.«

Doch die alte Frau schüttelte unwirsch den Kopf. »Ich brauche keine Dienerin. Das wenige, das ich noch mache, tue ich nur aus Liebe zu meinen Kindern. Ich selbst brauche weder zu essen, zu trinken noch Schlaf.«

»Wenn du mich gehen lässt und mir vergibst, verrate ich dir ein Geheimnis, das mir meine Großmutter anvertraut hat«, versuchte es Ejiawanoko auf eine neue Weise. Sie konnte dem blinden Mütterchen im Gesicht ablesen, dass sie damit Erfolg haben würde, denn alte Frauen lieben Geheimnisse.

»Einverstanden, du törichtes Kind«, sagte die Alte mürrisch. »Sage mir, was es ist.«

»Ich kann deine Blindheit heilen.«

Einen kurzen Moment lang waren beide still.

Die alte Frau blickte ungläubig in die Richtung des Mädchens und doch knapp an ihm vorbei. »Nein, nein, nein!«, rief sie plötzlich zornig. »Das kann nicht sein. Unzählige haben es schon versucht, und niemandem ist es gelungen.«

Doch die blinde Eniburara ließ den Arm des Mädchens los. Ejiawanoko nahm das Gesicht der alten Frau in ihre Hände. Sie murmelte einige unverständliche Worte und spuckte ihr in die Augen. Und dann passierte alles ganz schnell. Binnen Sekunden stürzten Dutzende Eidechsen und Käfer aus den Augenhöhlen der Alten und suchten das Weite. Eniburara blinzelte. Dann stieß sie einen kurzen, hohen Schrei aus. Mit klaren Augen schaute sie Ejiawanoko an. »Ich kann sehen!«, rief sie. »Ich kann sehen!« Sie drehte sich einmal um sich selbst. »Wie schön die Welt ist! Diese Farben!« Eniburara klatschte vor Begeisterung in die Hände. »Und ich werde endlich die Gesichter meiner Söhne sehen.« Eine Träne der Freude suchte sich einen Weg über ihre Wange. Das Mütterchen blickte Ejiawanoko an. »Und wie schön du bist ... Ich muss dich vor meinen Söhnen verstecken, sonst werden Iguan und Merrimen dich töten. Sie töten jeden, den sie hier oben finden!«

Die alte Frau steckte Ejiawanoko kurz entschlossen unter einen großen, leeren Öltrog und wies sie an, ganz still zu sein, die beiden würden gleich kommen. »Du musst wissen«, flüsterte sie dem Mädchen zu, »meine Söhne sind Götter. Meine Söhne sind Sonne und Mond.«

Sonne und Mond – ihre Söhne?, dachte Ejiawanoko. War die alte Frau tatsächlich die Mutter von Sonne und Mond? Unmöglich!

Doch noch bevor sie den Gedanken zu Ende gedacht hatte, wurde es auf einmal strahlend hell. Es war Iguan, der als Erstes erschien und seine Mutter so sehr blendete, dass sie den Blick von ihrem Sohn abwenden musste. Iguan wunderte sich. »Warum wendest du dich ab?«, fragte er erstaunt. »Das hast du noch nie getan!«

»Weil ich dich jetzt sehen kann, mein lieber Sohn.«

»Du kannst sehen! Warum, liebe Mutter, wer hat das Wunder vollbracht?«, rief Iguan außer sich vor Freude.

In diesem Moment erschien sein Bruder Merrimen. Wie sanft und milde er aussieht, dachte seine Mutter, ganz anders als Iguan. Merrimen ging auf seine Mutter zu. »Wie kommt es, dass du uns anblickst, als ob du uns sehen könntest?«, fragte er.

»Ich kann dich sehen, Merrimen, stell dir vor: Ich kann

sehen!« Ihre Stimme drohte zu versagen. Zu gewaltig waren ihre Gefühle. »Aber dein Bruder Iguan glänzt so sehr, dass es meinen Augen wehtut.«

Trotz ihrer Freude fiel den beiden Brüdern noch etwas anderes auf. Beziehungsweise: Es stach ihnen in die Nase.

»Mutter! Was ist das für ein Duft?« Merrimen klang alarmiert. »Es riecht hier ganz eindeutig nach einem menschlichen Wesen!«

»So ist es«, sagte die Mutter. Besänftigend erklärte sie ihren Söhnen, dass sie ein junges, liebliches Menschenmädchen rochen. »Sie ist in der Nähe. Sie ist es, die meine Blindheit vertrieben und mich geheilt hat. Ihr dürft ihr nichts antun.«

Sowohl Iguan als auch Merrimen versprachen Eniburara, dass sie einem Menschenmädchen, das ihrer Mutter das Augenlicht zurückgebracht hatte, ganz bestimmt nichts antun würden.

»Es ist ein schönes Mädchen«, sagte die alte Frau und blickte von Iguan zu Merrimen. »Sie ist sogar ein so schönes und liebes Mädchen, dass einer von euch beiden es heiraten sollte.«

Das musste man ihren Junggesellensöhnen nicht zweimal sagen. Gleich beide waren sofort bereit, sich das Mädchen anzusehen und ihr bei Gefallen das Jawort zu geben.

»Lass sie wählen, welchen von uns beiden sie haben will«, schlug Iguan vor.

»Und wir werden ihren Entscheid akzeptieren und nicht eifersüchtig aufeinander sein«, ergänzte Merrimen.

Daraufhin schritt Eniburara zum Öltrog, hob ihn hoch, und Ejiawanoko kroch darunter hervor. Die alte

Frau nahm das Mädchen an der Hand und führte es zu ihren Söhnen. »Als Dank dafür, dass du mich zur Sehenden gemacht hast, darfst du einen meiner Söhne zum Mann nehmen. Triff deine Wahl, mein Kind, welchen der beiden möchtest du haben?«

Ejiawanoko sah zuerst Iguan und dann Merrimen an, und musste nicht lange überlegen. »Ich kann Iguan nicht heiraten, er ist zu heiß. Und ich kann ihn nicht ansehen, er ist zu hell. Aber Merrimen ist ruhig und mild, ich würde gerne mit ihm gehen.«

Kaum hatte Ejiawanoko den Satz beendet, ging Merrimen auf sie zu, nahm sie glücklich in die Arme und schwebte mit ihr hinauf zu den Sternen.

Bis zum heutigen Tag können die Menschen auf der Erde Ejiawanoko sehen, wie sie mit Merrimen durch den Himmel reist. Genau so ist das Mädchen in den Mond gekommen.

Falsche Geschwisterliebe

Nach einer Sage der Inuit, Grönland

Malina lebte in einer Zeit, in der die Welt ein finsterer Ort war; Tag und Nacht herrschte Dunkelheit. Die Menschen kannten es nicht anders. Trotzdem lebten sie, als würde es einen Tag und eine Nacht geben: Sie schalteten all ihre Lampen ein und arbeiteten zwölf Stunden lang, um danach die Lichter zu löschen und sich auszuruhen.

Eines Nachts, Malina war gerade erst eingeschlafen, wurde sie durch ein seltsames Rascheln geweckt. Erschrocken setzte sie sich auf. Jemand war in ihrer Hütte.

»Psst«, hörte sie. Mehr nicht. Der ungebetene Besucher kroch zu ihr unter die Decke und sprach kein Wort. Er legte seine Hände auf ihren Körper, streichelte sie und küsste sie überall. Malina wusste nicht so recht, ob ihr das gefallen sollte oder nicht, klar war nur: Wehren konnte sie sich nicht. Denn der Mann, der sie begehrte, war viel stärker als sie.

Am nächsten Tag, als die Lampen wieder eingeschaltet waren, versuchte sie, unter den Männern im Dorf denjenigen auszumachen, der sich ihr genähert hatte. Sie hoffte darauf, er würde ihr ein Zeichen geben. Das tat er aber nicht. Keiner verhielt sich anders als zuvor. Niemand ließ sich etwas anmerken. Es blieb für Malina ein großes Rätsel, wer des Nachts zu ihr geschlichen war.

Doch er kam wieder. Und wieder. Und wieder. Jede Nacht vernahm sie das Rascheln, ein leises »pssst«, mehr nicht. Nur einmal getraute sich Malina zu fragen, wer er sei. Aber sie erhielt keine Antwort. Ihr nächtlicher Besucher blieb unerkannt – und war ihr doch seltsam vertraut.

Malina konnte im Nachhinein nicht mehr sagen, wie sie auf die Idee gekommen war. Er war plötzlich einfach da, der Einfall, wie sie dem Unbekannten auf die Spur kommen könnte. Bevor sie an jenem Abend ins Bett stieg, mischte sie Ruß und Tran und rieb sich ihre Brüste mit der schwarzen Paste ein.

Wie in jeder vorangegangenen Nacht tauchte ihr unbekannter Liebhaber auch dieses Mal auf. Er streichelte sie und küsste sie am ganzen Körper. Malina ließ sich nichts anmerken und ließ alles geschehen. Morgen, dachte sie, morgen werde ich wissen, wer du bist.

Am nächsten Tag, als die Menschen erwachten und bald darauf die Lichter brannten, die das Dunkel wenigstens teilweise verdrängten, trat Malina aus ihrer Hütte. Und sie erschrak fürchterlich. Ein Mann hatte ein rußverschmiertes Gesicht: Es war ihr Bruder Anningan.

»Mein eigener Bruder!«, schrie Malina entsetzt. »Du

hast dich zu mir ins Bett geschlichen, zu deinem eigen Fleisch und Blut!«

Anningan verwarf die Hände und stritt alles ab. Aber der Ruß war Beweis genug. Malina griff zu einem brennenden Holzscheit und versuchte, ihrem Bruder damit einen Schlag zu versetzen. Doch der wich behände aus und ergriff die Flucht. Er rannte, so rasch er konnte, so schnell, dass er den Boden unter den Füßen verlor und abhob. Er floh hinauf in die Wolken, dem Himmel entgegen. Malina indes wollte ihren Bruder nicht entkommen lassen. Sie sprang mit ihrer brennenden Fackel Anningan hinterher.

Und dadurch geschah etwas, das die Dunkelheit auf der Erde für immer vertrieb: Malina verwandelte sich mit ihrem Feuer in die Sonne, Anningan wurde zum Mond, und aus den sprühenden Funken der Fackel entstanden die Sterne. Bis heute versucht Malina-Sonne Tag für Tag, Anningan-Mond einzufangen. Der Bruder ist dermaßen gehetzt, dass er auf seiner Flucht kaum zum Essen kommt. Darum wird er magerer und magerer, bis er jeweils ganz vom Himmel zu verschwinden scheint. Nur bei Leermond hält er kurz inne, um sich zu verstecken und wieder einmal zu speisen, worauf er zu neuen Kräften kommt und zunehmen kann. Anningan wird bis zu seinem letzten Tag gezeichnet bleiben: Wer den Mond genau anschaut, erkennt, dass sein Gesicht noch immer vom Ruß befleckt ist.

Der ewige Wettlauf von Sonne und Mond wird kein Ende nehmen. Doch manchmal, nur ganz selten, kommen sich die beiden Geschwister wieder näher: Wenn der Mond während einer Sonnenfinsternis die eigene Schwester verdeckt. Doch von Dauer sind diese Annäherungsversuche nicht. Schon kurz darauf geht die Jagd der Sonne nach dem Mond in die nächste Runde.

Der vertriebene Hahn

Madagaskar

Man muss sich das mal vorstellen: Vor langer Zeit, als noch kein einziger Mensch geboren war, da standen nicht nur Sonne und Mond am Himmel, sondern auch – ein Hahn! Genau so soll es gewesen sein, das erzählten schon unsere Urgroßväter und Urururgroßmütter. Die Sonne, der Mond und der Hahn, die sich das Himmelreich teilten, waren sogar Geschwister; alle drei waren sie Götterkinder, dazu geboren, dereinst wichtige Aufgaben zu übernehmen.

Brüder und Schwestern streiten sich manchmal. Aber bei den Geschwistern Mond, Sonne und Hahn war das anders. Sie lebten einträchtig beieinander, ja, fast könnte man sagen, sie waren nicht nur Brüder und Schwester, sondern auch Freunde.

Bis zu jenem folgenschweren Tag, der alles verändern sollte. Die Sonne war gerade dabei, das Zuhause zu verlassen. Zuvor hatte sie sich stundenlang vor dem Spiegel schön gemacht. Sie wollte ausgehen. Und zwar ohne ihre beiden Brüder: Diese sollten für ein Mal zu Hause bleiben.

»Treibt keinen Unfug!«, rief sie scherzhaft, als sie aus der Tür trat. Mit einem Strahlen im sonnengelben Gesicht winkte sie dem Mond und dem Hahn zum Abschied zu.

Kaum war die Sonne nicht mehr zu sehen, befahl der Mond dem Hahn, er solle die göttlichen Rinder vom Feld in den Stall treiben. Doch dieser blickte ihn nur verwundert an.

»Los, mach schon! Es ist an der Zeit, dass du auch einmal etwas machst«, sagte der Mond. Er schubste den Hahn leicht an.

»Ich musste noch nie die Rinder eintreiben«, protestierte dieser. Der Hahn war sich nicht sicher, ob er überrascht oder verärgert reagieren sollte. Oder machte sein Bruder bloß einen Scherz?

»Ich meine es ernst!«, rief der Mond. »Jetzt beweg dich endlich!«

»Ich denke nicht daran!« Der Hahn verschränkte die Flügel, reckte seinen Kamm in die Höhe und verzog seinen Schnabel.

So frech ist mir noch keiner gekommen, dachte der Mond. Das wollte er sich nicht bieten lassen. Sein sonst so sanft scheinendes Gesicht verfärbte sich rötlich. Er wurde wütender und wütender und dunkler und dunkler. Auf einmal packte er den Hahn an seinen Federn und schleuderte ihn mit großer Wucht auf die Erde hinab. Und von der Erde gab es kein Zurück.

Als die Sonne nach Hause kam, rief sie nach dem Hahn und nach dem Mond. Doch nur der Mond grüßte zurück.

»Wo ist der Hahn?«, fragte die Sonne.

»Auf der Erde.«

»Auf der Erde?«

»Ehm, ja.«

»Was ist passiert? Wie um Himmels willen ist der Hahn auf die Erde geraten?«

Der Mond wand sich. Am liebsten hätte er alles verschwiegen. Aber er erzählte schließlich doch, was sich zugetragen hatte, berichtete von ihrem Streit und davon, wie er den Hahn unsanft auf die Erde geschleudert hatte.

Die Sonne blickte ihn traurig an. »Ich kann kaum glauben, was du da erzählst.« Nachdenklich schüttelte sie den Kopf. Sie wusste, dass sie das, was geschehen war, dem Mond nie würde verzeihen können. »Wenn du nicht imstande bist, in Eintracht mit anderen zu leben, dann will auch ich nicht länger mit dir zusammen sein. Ich kann dich nicht mehr ertragen, jetzt, wo ich weiß, was du dem Hahn angetan hast.« Nun war es die Sonne, die sich überwinden musste, auszusprechen, was zu sagen war. »Von nun an werden wir nicht mehr gemeinsam unterwegs sein. Dir soll die Nacht gehören. Du darfst nicht vor dem Abend am Himmel erscheinen und hast zu verschwinden, sobald der Morgen anbricht. Denn der Tag ist mein. Und unser Bruder, der Hahn, der dort unten auf der Erde leben muss, wird mich niemals vergessen – dich aber wird er meiden wie die Pest.«

So, wie es die Sonne sagte, kam es auch. Sobald die

Sonne frühmorgens aufsteht, freut sich der Hahn, sie zu sehen. Er erinnert sich voller Liebe an seine ältere Schwester. Unablässig schaut er zu ihr hinauf und begrüßt sie mit einem lauten »Indriinilay zoky e! Indriinilay zoky e!«, »Sieh da, meine ältere Schwester!«.

Doch sobald die Sonne untergeht und die Zeit des Mondes anbricht, huscht der Hahn rasch in sein Hühnerhaus, um seinen Bruder nicht sehen zu müssen. So geschieht es bis zum heutigen Tag, mit allen Hähnen, die als Nachkommen des göttlichen Hahns auf der Erde statt im Himmel leben müssen.

Die Frau im Mond

Nach einer Sage aus China

Ihr Name war Chang.

Er hieß Hou.

Sie war eine Frau von atemberaubender Schönheit.

Er war ein Bogenschütze, der sein Ziel nie verfehlte.

Ihre Haut war weiß wie Schwanenfedern. Auf ihrem Gesicht lag ein leiser Schimmer, als hätte es jemand mit Silberstaub bestreut.

Er hatte die breiten Schultern eines Kämpfers. Sein Gesicht trug die markanten Züge eines Menschen, der vieles schon gesehen hat.

Chang und Hou waren ein Paar, das vor langer Zeit im alten China lebte. In einem China, in dem zehn Sonnen am Himmel standen, vor denen man sich in Acht nehmen musste, weil sie Land und Pflanzen versengen wollten. Chang und Hou lebten seit vielen Jahren glücklich zusammen, und sie waren bei allen gern gesehen. Sie hatten keine Kinder und setzten sich für andere ein. Gemeinsam taten sie viele tapfere und gute Dinge, um bedürftigen Menschen zu helfen. Und beide waren treue Dienende der großen Königinmutter des Westens, Xiwangmu.

Ihre Liebe zu Ihrer Majestät war größer als zu irgendjemandem sonst. Chang und Hou hätten das Leben für sie gegeben. Da dies aber niemand verlangte und auch niemandem etwas genützt hätte, beschlossen sie, der Königinmutter einen anderen Dienst zu erweisen: Chang und Hou bauten für sie in jahrelanger Arbeit einen funkelnden Palast aus Jade, in dem die Königinmutter vor dem grellen Licht der Sonnen sicher war. Jemanden vor den Sonnen zu schützen, war im alten China die wertvollste Tat, die man erbringen konnte.

Als der Palast fertig gebaut und der große Moment endlich gekommen war, konnten Chang und Hou ihre Freude kaum verbergen. Trotzdem versuchten sie, ernsthaft zu bleiben, als sie den Schlüssel Ihrer Majestät übergaben. Die Königinmutter war gerührt von so viel Güte und Hingabe, die ihr das Paar entgegenbrachte. Überdies gefiel ihr der Palast aus Jade ausnehmend gut. Schön kühl war es darin, den feurigen Strahlen der zehn Sonnen wurde kein Einlass geboten, und dennoch war es im Innern der Räume hell und freundlich. Darum bat die Königinmutter Chang und Hou zu sich in den neuen Palast zur Audienz.

»Chang und Hou«, sagte sie zu den beiden, die tief geduckt vor ihrem Thron auf dem Boden knieten. Ihre Stimme war kristallklar und sanft wie ein Flüstern. »Ihr habt mir mit diesem Palast nicht nur einen besonderen

Dienst erwiesen, sondern auch große Freude bereitet. Darum will ich euch mit dem Wertvollsten belohnen, das mir zur Verfügung steht.«

Chang hätte ihrem Mann Hou gerne einen Blick zugeworfen, doch sie traute sich nicht. Ihr Herz klopfte so kräftig, dass sie fürchtete, die Königinmutter könnte es hören.

»Ich überreiche euch als Lohn die magische Pille der Unsterblichkeit. Wenn ihr die Zauberpille schluckt, werdet ihr für immer leben und niemals sterben müssen.«

Chang konnte nicht verhindern, dass ihrer Kehle ein leiser Laut der Überraschung entwich.

»Aber!«, fuhr die Königinmutter sogleich fort, mit einem eindringlichen Ton in ihrer Stimme. »Ihr dürft die Pille keinesfalls jetzt schon schlucken. Ihr Zauber ist so groß und mächtig, dass ihr euch noch ein Jahr lang gedulden müsst. In dieser Zeit werdet ihr eure Nahrung umstellen und regelmäßig meditieren, nur dann werden eure Körper stark genug sein für die reine Magie der Pillen.«

Hou stand auf, trat drei Schritte auf die Königinmutter zu und ließ sich die kleine Dose von ihr in die Hand legen. Kein Zucken verriet seine Gefühle, sein Gesicht blieb steinern und ernst. Danach verbeugte er sich so tief, dass seine Nasenspitze beinahe seine Schienbeine berührte. Auch Chang hatte sich nun erhoben und verbeugt. Und noch einmal verbeugt. Und noch einmal. Ihr schien, sie könne sich nicht genug verbeugen. Dann verließen Chang und Hou in kleinen Schritten rückwärts den Saal. Denn der Königinmutter zeigte man nie den Rücken. Und schon gar nicht, nachdem man das größte aller Geschenke entgegennehmen konnte: Die Unsterblichkeit.

Zu Hause angekommen, legte Hou die goldfarbene Dose mit den kleinen Pillen in ein geheimes Versteck. »Hier sind sie gut aufbewahrt, bis wir bereit sein werden, die Pillen zu schlucken«, sagte er zu Chang, die bedächtig nickte. Zu gerne hätte sie bereits jetzt einen Blick in die Dose geworfen. Doch sie schwieg.

Der Gedanke an die kleinen Pillen in der Dose im Versteck ließ Chang aber nicht mehr los. Der Wunsch, die Pillen nur kurz anzusehen, wuchs unaufhaltsam.

Drei oder vier Tage waren vergangen, als Hou das Haus verließ und Chang alleine zurückblieb. Sie konnte nicht länger an sich halten. Vorsichtig, als wäre sie dabei, eine Sünde zu begehen, schlich sie zum Versteck und nahm die Dose mit den Zauberpillen hervor. Sie fühlte sich wunderbar an, warm, als würde sie etwas Feuriges umschließen. Chang öffnete sie, griff hinein und nahm mit den Spitzen des Zeigefingers und des Daumens vorsichtig eine Pille heraus. Wie eine Perle lag sie in ihrer Hand. Ihr Kern glühte weiß, direkt unter der Oberfläche glimmerte sie regenbogenfarben. Die Pille roch wie ein Korb voller frisch gepflückter Pfirsiche.

Just in diesem Moment betrat Hou das Zimmer. Chang schreckte hoch. Sie war vom Anblick und dem Duft der Pillen so gebannt gewesen, dass sie nicht gehört hatte, wie ihr Mann nach Hause gekommen war.

Er sah, wie sie die Pille in ihrer Hand hielt. »Was machst du da?«, rief Hou. Schrecken blitzte in seinen Augen auf.

»Nichts!« Schnell versteckte Chang die Pille hinter ihrem Rücken.

»Willst du die Pille der Unsterblichkeit schlucken?« Er klang verunsichert. »Aber wir dürfen sie doch nicht nehmen, bevor ein Jahr vergangen ist. Sie ist zu stark. Noch sind wir nicht bereit dazu!«

»Nein, ich esse sie nicht!«, gab Chang trotzig zurück. Sie fühlte sich ertappt, obwohl sie die Pille gar nicht hatte schlucken wollen.

»Zeig mir deine Hände!«

Chang nahm die linke Hand hinter ihrem Rücken hervor und öffnete sie. Sie war leer.

»Lass mich deine andere Hand sehen!«

Schnell schob Chang die Pille in ihre linke Hand und zeigte Hou ihre Rechte.

Doch Hou ließ sich nicht täuschen: »Zeig mir beide Hände!«

Chang wusste nicht, wo sie die Pille jetzt noch verstecken konnte. Kurz entschlossen steckte sie die kleine Zauberpille in ihren Mund, um sie darin zu verbergen. Dann streckte sie Hou ihre beiden leeren Hände hin und grummelte unverständlich: »Siehst du, nichts.«

Die Gesichtszüge ihres Mannes, die sonst wie in Stein gemeißelt waren, zuckten und verzogen sich. Chang sah, dass Ärger aufzog. Rasch wich sie zurück und ergriff die Flucht. Hou hetzte hinter ihr her. Er folgte ihr durch das Zimmer, einmal rund um den Tisch herum, dann quer über ihn hinüber und wieder um ihn herum und so weiter und so fort, bis – »gulp« – Chang ungewollt die magische Pille verschluckte.

Für den Bruchteil einer Sekunde, der sich anfühlte wie die Ewigkeit, passierte nichts. Chang und Hou waren in ihrer Bewegung erstarrt und schauten einander an. Plötzlich fühlte sich Changs Körper ganz leicht an. Er begann, hell und weiß zu glühen. Wie eine Feder im Wind löste sich Chang vom Boden, und sie begann zu schweben. Es sah aus, als ziehe ein Marionettenspieler sie an unsichtbaren Fäden immer höher hinauf.

»Wo gehst du hin?« Hou war außer sich, als er sah, was mit Chang passierte. »Komm wieder herunter!«

Doch selbst wenn Chang es gewollt hätte, sie konnte nichts tun. »Es tut mir leid«, sagte sie zu Hou, der entgeistert zu ihr hinaufblickte. »Ich wollte die Pille gar nicht schlucken. Ich wollte sie doch nur anschauen.«

Zu spät realisierte Hou, dass er das Fenster hätte schließen müssen. Wie ein Windhauch zog es Chang hinaus. Hou versuchte, ihren Fuß zu fassen, doch er griff ins Leere. Sie glitt einfach so davon. Da fiel sein Blick auf Changs Lieblingstier, den Hasen, der neben dem Fenster auf der Mauer saß und der Frau erstaunt hinterherblickte. Hou packte den Hasen an den Ohren. Er wusste, das war das Einzige, das er noch für seine Frau tun konnte. Mit aller Kraft warf er das Tier zu ihr hoch. »Damit du nicht ganz alleine bist, wohin auch immer du unterwegs bist!«

Chang fing den Hasen in ihren Armen auf. »Danke! Machs gut, mein lieber Mann, hab ein gutes Leben.«

Das waren ihre letzten Worte. Chang schwebte höher und höher, bis sie von der Erde aus mit bloßem Auge kaum mehr zu erkennen war. Sie schwebte hinauf bis zum Mond, der ihr neues Zuhause wurde.

Dort lebt sie bis heute, in ihrem schimmernden, kalten Palast. Die Menschen sagen, bei Vollmond könne man die beiden dort oben sehen: Chang und ihren Hasen.

Maramas Fluch

Nach einer Maori-Sage aus Neuseeland

Über den Maori-Gott Tangaroa kursieren viele Ge-
rüchte. Die einen klagen, der Meeresgott sei böse und
jähzornig, er bringe Wellen und Sturm und Tod. Andere
wiederum loben Tangaroa; er sei zwar ein schwieriger,
aber auch ein guter Gott, beschenke er doch die Menschen mit all dem Reichtum des Meeres.

Tatsache ist, dass Tangaroa gerne ein gerechter und lie-
benswerter Gott wäre, es ihm aber nicht immer gelingt.
Denn sein Herz ist schwer und seine Seele düster. Zum
einen, weil er es nie leicht hatte in seiner Götterfamilie,
als Sohn von Himmel und Erde, zerstritten mit vielen
seiner Brüder. Vor allem aber wegen dem Unglück, das
seiner Tochter Rona widerfahren ist. Es heißt, der Meeresgott Tangaroa habe dies nie überwunden.

Rona war fast so schön wie eine Meerjungfrau, algen-
grün ihr Haar, wasserblau die Augen, elfenbeinfarben ihre
Haut. Und obwohl sie weder Fischschwanz noch Schup-

pen hatte, schwamm sie schneller als alle Fische. Kaum war sie hier, war sie schon dort, man wusste nicht, wie einem geschah. Sie mochte es, mit Fischschwärmen um die Wette zu schwimmen, weil sie immer gewann – und mit den Seepferdchen Verstecken zu spielen, weil man sie nie fand, wenn sie nicht gefunden werden wollte. Alle Lebewesen im Meer liebten die kleine Rona, die immer fröhlich und so ganz anders war als ihr oft grimmiger Vater.

Dem Meeresgott Tangaroa war sie sein liebstes Kind. Doch er wusste, dass die Zeit des Übermuts für Rona bald zu Ende gehen würde. Er hatte sie immer beschützt und war stets nachsichtig mit ihr gewesen. Doch dem Erwachsenwerden konnte auch sie nicht entgehen.

An Ronas achtzehntem Geburtstag rief Tangaroa sie zu sich. »Rona, du bist älter geworden«, sagte er zu seiner Tochter. »Du bist nun zu alt, als dass dein Leben weiterhin nur aus Vergnügen bestehen kann. Auch du sollst einer Arbeit nachgehen, wie wir alle aus unserer Götterfamilie das tun. Ich ernenne dich zur Herrin der Gezeiten.«

Rona nickte ehrfurchtsvoll. Ihre Augen leuchteten. Herrin der Gezeiten – wie schön der Name war!

»Das ist eine verantwortungsvolle Aufgabe«, mahnte ihr Vater, als er die Freude in Ronas Gesicht las. »Von den Gezeiten hängt der ganze Kreislauf der Erde ab. Wenn du unsorgfältig bist, zu spät oder zu früh oder zu langsam, bringst du die ganze Welt aus dem Gleichgewicht.«

Rona nahm sich die Worte ihres Vaters zu Herzen. Sie wurde die zuverlässigste Herrin der Gezeiten, die es je gegeben hat. Und sie scheute die schwere Arbeit nicht. War

Zeit für die Flut, schleppte sie in großen Kübeln Flutwasser an, damit der Pegel des Meeres stieg. Stand Ebbe an, schöpfte sie das Wasser aus dem Meer, bis der Pegel wieder sank. Tangaroa war sehr stolz auf seine Rona.

Doch dann passierte das Unvorstellbare. Eines Nachts – Rona war gerade dabei, einen Kübel voller Strömungswasser aus dem Meer zu tragen – wurde es auf einmal finster wie auf dem Grund eines tiefen Brunnens. Marama, der Mond, hatte sich hinter einer Wolke versteckt, und es war für Rona unmöglich, den Pfad zu erkennen, den sie zu gehen hatte. Dennoch setzte sie ihren Weg fort, sie hatte, wie immer, keine Zeit zu verlieren. Doch im nächsten Augenblick stieß ihr rechter Fuß gegen eine Wurzel, die aus dem Morast ragte, und blieb daran hängen. Rona stürzte, vergoss das Wasser und stieß sich das Knie blutig. Wütend rappelte sie sich wieder hoch. Sie ärgerte sich so sehr darüber, dass sich der Mond davongestohlen und sie im Dunkeln zurückgelassen hatte, dass sie einen Schwall wüster Beschimpfungen Richtung Himmel schickte. »Elender Taugenichts!«, wetterte sie gegen den Mond. »Ist das der Dank dafür, dass ich mich so gut um deine Gezeiten und das Gleichgewicht der Erde kümmere? Du gemeiner Wicht lässt mich im Finstern sitzen und über Wurzeln stolpern!« Es folgte eine Tirade von Fluchwörtern, die die ganze Götterwelt verstummen ließ.

Marama, der Mond, wurde blass, um dann vor Zorn zu erröten. So hatte noch nie jemand mit ihm gesprochen. Er ließ Donner durch den Himmel poltern und Blitze auf die Erde schießen. Voller Wut verfluchte der

Mond das Volk der Maori – und er schnappte sich die arme Rona mit ihrem Wasserkübel.

Hier endet die Geschichte. Niemand weiß genau, was mit Rona geschehen ist. Tangaroa hat seine Tochter auf der ganzen Welt suchen lassen, wochen-, monate-, jahrelang. Vergebens. Sie wurde auf der Erde nie mehr gesehen.

Doch wer sich den Mond genauer ansieht, erkennt in ihm die Silhouette einer Frau mit einem Wasserkübel. Und manch einer glaubt, dass es auf der Erde zu regnen beginnt, sobald Rona dort oben ihren Kübel ausleert. Der Mond hat sich mit ihrer Entführung allerdings einen schlechten Dienst erwiesen; seit die Herrin der Gezeiten ihre Arbeit nicht mehr verrichten kann, muss der Mond selber einspringen und stets zur richtigen Zeit für Flut und Ebbe sorgen.

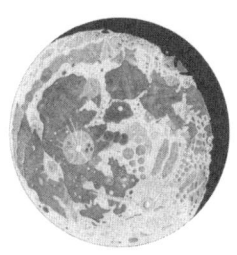

Keine gute Ehe

Nach einer Sage der Massai in Kenia

Am Anfang wurde geheiratet. Und wie: Ein so prachtvolles Fest hatte es noch nie gegeben. Alle Sterne waren eingeladen und standen dem Hochzeitspaar funkelnd Spalier. Jeder Planet versuchte, den anderen mit einem noch größeren Geschenk zu übertrumpfen. Mehrere Sonnen aus fernen Galaxien hatten den Weg auf sich genommen, um die Festgesellschaft in ein feuriges Licht zu tauchen. Und alles, was auf der Erde lebte – Mensch und Tier und Fabelwesen –, versammelte sich auf den höchsten Bergen, um der Vermählung beizuwohnen. Keiner konnte sich dem Spektakel entziehen. Alle – vom kleinsten Wurm bis zum ältesten Stern – waren so aufgeregt, als wären sie selbst Braut oder Bräutigam an diesem Tag.

Schließlich war es nicht irgendjemand, der sich da das Jawort gab. Es waren der Sonnenmann und die Mondfrau, die sich trauten. Die sich hoch oben in den Wolken die ewige Liebe und die nicht minder lang dauernde Treue schworen.

»Ja, ich will«, hauchte die Mondfrau. Ihre Stimme hatte den sanften Klang ihres mattgelben Scheines.

»Ja, ich will«, rief der Sonnenmann, deutlich und kräftig, als wolle er es dem ganzen Universum verkünden.

Kaum gesagt, ließen die Gäste die Korken knallen. Es ging heiter zu und her, im Himmel wie auf Erden. Niemand konnte sich vorstellen, dass über die Jahre ihre Liebe dereinst schwinden könnte. Das Fest war noch in vollem Gange, als Sonne und Mond sich unter lautem Getöse zu ihrer Hochzeitsreise aufmachten. Noch lange hörten sie das Lachen und die Stimmen, die in der Luft hinter ihnen hängen geblieben waren.

Sie zogen über Hügel und durch Täler, erhoben sich über Berge und Meere. Sie waren lange gemeinsam unterwegs auf ihrer Reise. Stets war es der Sonnenmann, der bestimmte, wohin der Weg sie führen sollte. Die Mondfrau folgte ihm.

Doch das Reisen war nicht nur einfach. Nichts war so, wie es zu Hause war. Je länger, je mehr gestaltete sich das Unterwegssein beschwerlich. Nach vielen rastlosen Tagen und Nächten wurde die Mondfrau müder und müder. »Sonnenmann, deine Muskeln sind stärker, und deine Ausdauer ist größer als meine. Ich bin müde, könnten wir nicht eine Pause machen?«, fragte sie darum ihren Ehemann.

»Wie stellst du dir das vor?«, fragte der Sonnenmann. »Wir können nicht innehalten. Das wäre ja, als würde die Erde plötzlich beschließen, sie möge sich nicht mehr um sich selber drehen und einen Halt einlegen. Wir müssen am Himmel unseren Weg gehen, um für die Wesen auf der Erde zu scheinen.«

Die Mondfrau sah ihren Gatten traurig an. Als der Sonnenmann sah, wie erschöpft und blass sie war, versprach er ihr, sie zu tragen. Drei Tage pro Monat wollte er sie auf seine Arme nehmen, damit sie sich erholen konnte. Und sein Versprechen hielt er auch. An den drei Tagen, die der Sonnenmann die Mondfrau trug, war sie für die Bewohner der Erde unsichtbar. Danach zeichnete sich ihre feine Sichel wieder am Dunkel des Nachthimmels ab und kündigte ihr Erscheinen an. Es waren stets die Esel, die die Mondfrau am vierten Tag als Erstes wieder neu entdeckten, vor all den anderen Tieren und den Fabelwesen. Die Menschen hingegen sahen die Mondfrau erst am fünften Tag wieder am Himmel stehen.

So vergingen die Wochen, die Monate, die Jahre. Die Tage kamen, und die Nächte gingen.

Bis der Mondfrau ein Fehler unterlief. Der Sonnenmann hatte sie gerade drei Tage lang getragen. Jetzt war er müde und mürrisch. Am vierten Tag geschah es, dass sich die Mondfrau zu früh den Menschen zeigte: Sie schien für sie, obwohl sie erst die Tiere und die Fabelwesen hätten begrüßen dürfen. Der Sonnenmann wurde furchtbar zornig. »Alles bringst du durcheinander!«, rief er erbost. »Und dies, nachdem ich dich drei Tage lang rumgeschleppt habe, bis ich selbst am Ende meiner Kräfte war.«

Und wie das manchmal bei Ehepaaren so ist: Eine Kleinigkeit wurde zu einem Drama. Sonne und Mond begannen, sich zu streiten, so laut, dass unten auf der Erde ein

Sturm ausbrach. Ehe die Mondfrau realisierte, was geschah, schlug der Sonnenmann plötzlich zu.

Nun war es aber so, dass die Mondfrau eine jener Frauen war, die sich sehr wohl zu wehren wussten. Sie war stolz und selbstbewusst und ließ das nicht widerstandslos geschehen. Ohne lange nachzudenken, schlug sie nach den ersten Hieben ihres Mannes zurück, so heftig, dass seine Stirn aufplatzte. Glutheißes Gas strömte durch einen Riss in seinem Kopf. Jetzt geriet der Sonnenmann erst recht in Rage. Er zerkratzte ihr Gesicht und rupfte ihr ein Auge aus. Die beiden kämpften, bis sie keine Kraft mehr hatten und einsahen, dass Prügeln die schlechteste aller schlechten Lösungen war. Sie verstanden sich selbst nicht mehr und kamen sich schrecklich dumm vor. Doch beiden war klar, dass sie fortan getrennte Wege gehen mussten. Sie einigten sich darauf, dass der Tag dem Sonnenmann und die Nacht der Mondfrau gehören sollte.

Dem Sonnenmann blieb eine große Narbe auf der Stirn. Er schämte sich dafür. Er wollte nicht, dass alle, die ihn anblickten, das Mahnmal auf seiner Stirn erkannten. »Von jetzt an«, dröhnte seine Stimme hoch oben durch den Himmel, »werde ich so grell und heiß glühen, dass mich niemand mehr anschauen kann.«

Wer seither hinauf zur Sonne sieht, wird derart geblendet, dass er die Augen zukneifen muss und die Narbe auf der Stirn des Sonnenmannes nicht erkennt.

Die Mondfrau hingegen ist nicht verlegen – obwohl man die Narben, die ihr der Sonnenmann zugefügt hat, bis zum heutigen Tag gut sehen kann. Doch das ist für die Mondfrau kein Grund, warum die Menschen sie nicht länger anschauen dürfen. Sie schenkt der Erde weiterhin ihren sanften, kühlen Schein. Ihr bleibt die Gewissheit und der Stolz, dass sie stark genug war und sich zu wehren gewusst hat.

Die Mondprinzessin

Nach einem Märchen aus Japan

Dies ist das Märchen von Kaguya, der Mondprinzessin. Ihr Vater war ein alter Bambusschneider, der mit seiner Frau am Fuße eines Berges lebte. Das heißt, eigentlich war er nicht wirklich Kaguyas Vater. Denn das Paar konnte selbst keine Kinder bekommen. Eines Tages aber fand der Bambusschneider einen Bambus, in dem ein rätselhaftes Licht leuchtete. Er schnitt ihn ab und hielt staunend inne: Im Innern des Stammes lag ein liebliches Baby. Es war ein kleines Mädchen. Der Bambusschneider und seine Frau waren überwältigt vor Glück und dankten den Göttern für das Geschenk. Sie nannten das Mädchen Kaguya.

Die Jahre zerflossen, und Kaguya wurde zur schönsten Frau, die je in dem Dorf gelebt hatte. Und wo eine schöne junge Frau wohnt – da sind auch die jungen Männer nicht weit. Tatsächlich, alle wollten Kaguya heiraten. Nicht wenige von ihnen schlichen vor ihrem Zimmerfenster herum, weil sie hofften, wenigstens einen Blick auf sie erhaschen zu können.

Der Vater wollte endlich wieder seine Ruhe haben. Also bat er Kaguya, sie solle einen dieser jungen Männer auswählen und ihn heiraten.

»Mein lieber Vater, eines Tages werde ich zum Mond zurückkehren – aber wenn es dein Wunsch ist, dass ich einen Mann heirate, dann werde ich dies tun«, antwortete seine Tochter. Der Vater verstand nicht, was Kaguya damit meinte. Aber er gab sich zufrieden, denn offensichtlich war sie bereit, sich einen der Verehrer zum Mann zu nehmen.

Allerdings erwies sich die Wahl als gar nicht so einfach. Wie soll man vorgehen, wenn so viele Männer um einen werben?

Kaguya beschloss, die Männer auf die Probe zu stellen. Sie wartete ab, welche Verehrer am meisten Geduld hatten. Als nur noch fünf Männer draußen vor ihrem Haus standen, bat sie diese herein. »Ich werde jedem von euch eine Aufgabe stellen«, verkündete sie ihnen. »Denjenigen, der sie lösen kann, werde ich heiraten.« Dann zog sie sich in ihr Zimmer zurück, um die Aufträge zu verteilen.

Der erste Mann, der vor sie trat, war Ischi Zukuri. »Ich würde alles tun, um dich zu heiraten, Kaguya«, sagte er zu der Frau, die so schön war, dass er fast nicht wagte, sie anzublicken. Doch die Aufgabe, die Kaguya ihm stellte, war eine schwierige. »Du musst die Schale des Buddha finden«, sagte Kaguya.

Ischi Zukuri verneigte sich tief und verließ rückwärts das Zimmer. Kaum war er draußen, rannte er los und machte sich auf die Suche nach der Schale des Buddha. Er kletterte auf Berge und stieg in Täler hinab. Er überquerte Flüsse und schlug sich durch tiefe Wälder. Er fragte jeden, den er traf, nach der Schale des Buddha. Keiner wusste eine Antwort. Als Ischi Zukuri am Ende seiner Kräfte war, gab er auf. Er wagte sich aber nicht zurück in Kaguyas Haus; das verbot ihm sein Stolz.

Kuro Mochi, dem zweiten Verehrer, trug die schöne Kaguya Folgendes auf: »Deine Aufgabe ist es, den goldenen Zweig des geheiligten Baumes zu finden.« Es hieß, dass an den Zweigen des heiligen Baumes Juwelen hängen würden. Auch Kuro Mochi machte sich auf den Weg. Auch er kehrte niemals zurück. Er konnte den goldenen Ast des heiligen Baumes nicht finden, weil die Geschichte über ihn nicht mehr als eine Legende war.

Otomo, der dritte Mann, erhielt von Kaguya den Auftrag, das Drachenjuwel zu finden: ein Juwel, das in einer Drachenstirn steckte. Die einzige Möglichkeit, an das Juwel heranzukommen, bestand darin, den Drachen zu töten. Otomo war ein großer Krieger. Er fürchtete sich nicht vor Drachen. Darum zog er wohlgemut los, überzeugt, den Drachen zu töten und Kaguya zur Frau zu bekommen. Beinahe hätte sich sein Wunsch erfüllt. Er spürte den Drachen auf, und es gelang ihm sogar, diesen mit gezielten Pfeilschüssen zu töten. Doch als das Herz des Drachens zu schlagen aufhörte und das riesige Getier zu Boden sank, krachte es auf den armen Otomo und zerquetschte ihn unter sich.

Abenomiyushi war der vierte Mann, der sich einer Aufgabe stellte.

»Du musst mir das Fell der berühmten Feuerratte bringen«, sagte die Schöne zu ihrem Verehrer. Sie sah ihn mit ihren moosgrünen Augen hoffnungsvoll an. Er schwor sich, alles zu tun, um diese Frau zu bekommen.

Doch auch er scheiterte. Er fand zwar die Feuerratte und versuchte, sie zu fangen. Doch die Ratte war um einiges schlauer als Abenomiyushi und trickste ihn hinterlistig aus. Dieser schämte sich so sehr, dass er das Land verließ.

So blieb nur noch Iso No Kami Nomarotari, der fünfte Mann.

»Du sollst den Talisman der Leichten Geburt finden«, trug Kaguya dem Letzten ihrer Verehrer auf. Sie wirkte beunruhigt. Doch selbst in ihrer Sorge war sie wunderschön. Zu gerne hätte Iso No Kami Nomarotari ihr tröstend die Hand auf das Haar gelegt. Aber er wusste, dass er das nicht tun durfte. Zuerst musste er den Talisman finden. Er machte sich auf die Suche und kletterte über alle Berge. Doch eines Tages stürzte er von einer Klippe und starb.

Vielleicht wäre alles anders gekommen, wenn einer von Kaguyas Verehrern die Aufgabe bewältigt und das Herz der schönen Frau erobert hätte. Doch es hat nicht sein sollen. Ihre Eltern waren darüber sehr betrübt.

Eines Nachts beobachteten sie, wie Kaguya den Mond anstarrte und lautlos weinte. Der Vater, der nicht wirklich Kaguyas Vater war, schloss die junge Frau in die Arme und fragte, was ihr fehlte.

»Vater, du wusstest immer, dass ich kein gewöhnlicher Mensch bin.« Kaguya konnte kaum sprechen, so sehr schluchzte sie. »Bevor du mich gefunden hast, lebte ich auf dem Mond. Dort aber habe ich etwas Ungutes getan, das ich nicht hätte tun dürfen. Darum sandten sie mich zur Erde – um mich zu bestrafen und dich für deine harte Arbeit zu belohnen.« Wieder wurde Kaguya von einem Weinkrampf geschüttelt. »Nun aber ist die Zeit der Rückkehr gekommen. Beim nächsten Vollmond werde ich euch verlassen.«

Die Nacht des nächsten Vollmondes nahte. Doch der alte Mann wollte seine Tochter nicht gehen lassen. Darum bat er alle seine Freunde um Hilfe. So stand in dieser Vollmondnacht eine kleine Armee von Samurais auf den Dächern der Häuser und im Garten der Familie; sie waren mit Pfeilen und Bogen bewaffnet und sollten verhindern, dass Kaguya die Erde verließ.

Plötzlich wurde der Himmel so hell, dass die Menschen meinten, es sei schon Tag, und ein leuchtender Wagen schwebte zum Haus des alten Bambusschneiders herab. Durch dieses ungewöhnlich grelle Licht wurden die Samurais so stark geblendet, dass sie keinen einzigen Pfeil abschießen konnten. Kaguya kletterte in den Wagen, nicht ohne vorher ihren Eltern für all ihre Liebe gedankt zu haben, die sie ihr geschenkt hatten. Dann kehrte sie auf den Mond zurück.

Der Bambusschneider und seine Frau blickten dem leuchtenden Wagen noch lange nach. Ihr einziger Trost blieb, dass sie in jeder Vollmondnacht das Gesicht ihrer Kaguya im Mond erkennen konnten. Hin und wieder zwinkerte sie ihnen zu.

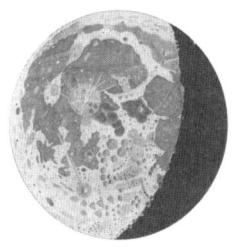

Warum Sonne und Mond
sich meiden

Nach einem Märchen aus Kamerun

Einst war der Mond der beste Freund der Sonne.
Und die Sonne war die beste Freundin des Mondes. Die
beiden waren sich sehr ähnlich. Die Sonne strahlte mit
ungebannter Kraft, und auch der Mond war dazumal
glühend und schien nahezu so hell wie seine Freundin.
Die beiden hatten auch fast dieselbe Arbeit: sowohl der
Mond als auch die Sonne zogen geduldig ihre Bahnen am
Himmel, begleitet von einer Vielzahl funkelnder Helfer.
Nichts sprach dagegen, dass Sonne und Mond für immer
und ewig beste Freunde bleiben würden. Doch manchmal zerbrechen selbst die größten Freundschaften.

Es war ein heißer Sommertag, als die Sonne den fata-
len Einfall hatte. Sie musterte erst kritisch ihren Freund,
dann sich selbst. »Himmel, Mond, wie sind wir beide
schmutzig. Die Jahre haben ihre Spuren hinterlassen. Ich

finde, es wäre an der Zeit, wieder einmal ein Bad zu nehmen.«

Der Mond schaute auf die Erde hinunter in einen See, der blauer nicht sein konnte, und sah darin sein Spiegelbild. »Du hast recht. Ich hätte wirklich wieder mal etwas Wasser und ein Stück Seife nötig.«

So zogen die beiden mit ihren Helfern los. Sie begaben sich in ein Tal, in dem die Bäume riesig waren und älter als die ältesten Menschen. Die Äste der Bäume waren knorrig und gewunden und von Moos bewachsen; sie sahen aus wie haarige Wurzelgeister. In der Mitte des Tals suchte sich kristallklares Wasser einen Weg über die Steine hinab. Hier und dort hatte das Wasser über die Jahre tiefe Löcher ins Gestein gefressen.

Die Sonne hielt inne. »Ich steige weiter hoch und bade oben im Fluss«, sagte sie zum Mond. »Bleib du hier unten. Sobald du hörst, wie das Wasser zischt und brodelt und dampft, weißt du, dass ich hineingestiegen bin, und kannst es mir gleichtun.«

Der Mond war einverstanden und wartete, während die Sonne weiter in das Tal hineinstieg. Als sie außer Sichtweite des Mondes war, wies die Sonne einige ihrer Helfer an, Brennholz zu sammeln, um ein Feuer zu entfachen. Die anderen sollten Termitenhügel suchen, abtragen und zu den Feuern bringen. Sie legten die Termitenbauten mitten in die Flammen, wo sie sich erwärmten und in tiefstem Rot zu glühen begannen. Jetzt wusste die Sonne, dass sie heiß genug waren – und sie ließ ihre Helfer die Termitenbauten in das eisig kalte Wasser werfen.

Wie das zischte! Das Wasser schäumte und bäumte sich auf, Dampf stieg in den Himmel, und die hohen Felswände warfen das Brausen hundertfach zurück, sodass es weit über das Tal hinaus zu hören war.

Was die Sonne beim Baden für einen Radau veranstaltet, dachte der Mond weiter unten im Tal mit einem Lächeln. Dann stieg er ins Wasser. Doch kaum war der Mond hineingesprungen, erstarrte er. Es schien ihm, sein ganzer Körper werde zu einem harten Stein, und Tausende Nadeln stächen auf ihn ein, so kalt fühlte sich das Wasser an. Der Mond versuchte, so rasch wie möglich wieder ins Trockene zu gelangen. Doch er war nicht schnell genug. Als er an sich hinabblickte, sah er, dass all seine Wärme und sein Glanz verschwunden waren. Sie sollten nie wieder zurückkehren. Traurigkeit legte sich wie ein schwerer Schatten auf die Seele des Mondes.

Wenig später stand die Sonne wieder vor ihm, feurig blendend wie zuvor. »Hast du dein Bad schon beendet?«, fragte sie ihn. Sie ließ sich nicht das Geringste anmerken.

»Es ist alles erledigt.« Die Stimme des Mondes klang fahl.

»Dann lass uns zurückkehren.«

Dem Mond kam es vor, als strahle die Sonne inmitten ihrer Helfer glühender denn je. Ihm wurde klar, dass sie kein Bad im eiskalten Fluss genommen hatte. Seine Traurigkeit wurde noch größer, und er fragte die Sonne: »Warum hast du mich betrogen?«

»Warum bist du auf diesen Trick hereingefallen? Du hättest nur etwas nachdenken müssen!« Die Sonne leugnete ihren Streich nicht mal.

»Du hast mich angelogen und getäuscht!«, rief der Mond wütend.

»Ach, jetzt stell dich nicht so an!«

Die Sonne fand, der Mond mache ein furchtbares Theater um diesen kleinen Streich. Sie selbst hatte den Streit wenige Tage später bereits vergessen. Nicht aber der Mond.

Fünfzig Jahre verflossen. Die Tage und Nächte nahmen ihren Lauf, die Sonne und der Mond zogen ihre Bahnen. Die Sonne heiß und hell wie immer, der Mond hingegen blass und schal.

»Warum bloß sind unsere Helfer in letzter Zeit so unfolgsam und aufsässig?«, fragte der Mond auf einmal die Sonne. »Sie gehorchen überhaupt nicht mehr und machen, was sie wollen!«

Die Sonne nickte. »Jetzt, wo du das sagst ... Auch mir bereitet das Verhalten meiner Gehilfen Sorge, nichts ist mehr wie früher.«

»Ich finde, wir müssen uns neue Helfer suchen.«

»Wie stellst du dir das vor? Was sollen wir denn mit den alten machen?« Die Sonne wusste nicht, worauf der Mond hinauswollte.

»Ich habe eine Idee.« Der Mond senkte die Stimme und blickte düster. »Wir werden sie töten müssen – um uns dann neue Helfer beschaffen zu können. Und ich weiß auch schon, wie.«

Die Sonne konnte kaum glauben, was der Mond ihr vorschlug. Das konnte unmöglich sein Ernst sein. Doch als er all seine Argumente vorgebracht hatte, stimmte sie ihm schließlich widerwillig zu.

So begaben sich der Mond und die Sonne mit all ihren Helfern in ein abgelegenes Tal. Der Mond hatte beschlossen, tief in das Tal hineinzusteigen, und dort, wo niemand sie hören konnte, seine kleinen Begleiter zu töten. Die Sonne sollte weiter vorne warten, um sich dann, wenn beim Mond alles plangemäß verlaufen war, ebenfalls ihrer Gehilfen zu entledigen. »Achte auf den Fluss«, hatte der Mond die Sonne angewiesen. »Im Wasser wirst du erkennen, dass ich meine Tat vollbracht habe.«

Als der Mond außer Sichtweite der Sonne war, befahl er seinen Helfern, möglichst schnell möglichst viele rote Beeren zu sammeln. Seine Begleiter, die so folgsam waren wie eh und je, schaufelten im Nu bergeweise rote Beeren heran.

»Werft sie alle ins Wasser!«, sagte der Mond. Das Wasser färbte sich augenblicklich rot wie Blut.

Als die Sonne weiter unten im Tal das vermeintlich blutige Wasser heranfließen sah, wusste sie, dass der Mond zu seiner mörderischen Tat geschritten war. Sie seufzte. Nun musste sie dasselbe tun. Schweren Herzens schlug sie ihre treuen Helfer tot.

»Hast du es getan?« Der Mond war lautlos hinter die Sonne getreten.

Sie zuckte zusammen. »Ja, sie sind tot«, sagte sie traurig.

»Und du hast keinen vergessen?«

»Nicht einer ist mehr am Leben.«

»Dann lass uns zurückkehren.«

In diesem Moment erkannte die Sonne hinter dem Mond die Schar seiner Helfer, lebendig wie immer. Sie kletterten über die Steine das Tal hinab. Als die Sonne begriff, was geschehen und wie sie betrogen worden war, verlor sie für einen Moment all ihre Wärme und all ihr Licht. »Warum hast du das getan?«, rief sie. »Wie konntest du mich derart hintergehen?«

»Ich habe nichts getan, das du nicht auch getan hast.« Die Stimme des Mondes klang kalt.

»Wie meinst du das?«

»Hast du es etwa vergessen? Vergessen, was du mir vor fünfzig Jahren angetan hast?«

Die Sonne dachte nach, was der Mond wohl meinen könnte. Doch da war keine Erinnerung. »Ich habe keine Ahnung, was du meinst.«

»Du hast tatsächlich vergessen, wie du mich betrogen und ins kalte Wasser geschickt hast, das mir meine Wärme und mein helles Strahlen stahl? Du bist schuld, dass ich nicht mehr leuchten kann wie du, dass ich die Wesen auf der Erde nicht mehr erwärmen kann.«

Der Mond wies auf seine Helfer, schaute dann die Sonne an, Traurigkeit lag in seinem Blick. »Das ist die Strafe, die du dafür verdient hast. Deine Begleiter sind tot, und du musst fortan alleine deine Bahnen ziehen. Ich kann zwar nicht mehr so hell leuchten wie du, dafür habe ich funkelnde Helfer um mich herum, die nicht von meiner Seite weichen. Darüber freut sich mein Herz.«

So fand die Freundschaft zwischen Mond und Sonne ein trauriges Ende. Sie haben nie wieder ein Wort miteinander gesprochen. Seither steht die Sonne alleine am Himmel. Und der Mond ist umgeben von zahllosen Sternen.

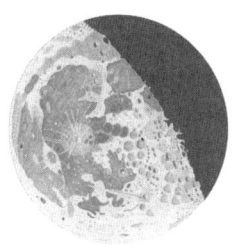

Das Auge des Himmels

Nach einer Aborigines-Sage aus Australien

Noch war die Erde ein großes Niemandsland. Es gab weder Städte noch Dörfer, die Berge hatten sich noch nicht hoch aufgetürmt, und auch die breiten Flüsse waren noch nicht entstanden. Ausgestorben war der Planet aber nicht: Es gab Menschen, die von Gebiet zu Gebiet zogen, immer auf der Suche nach genügend Nahrung. Es gab Tiere, die sie erlegen konnten – und Tiere, die sie fürchteten. Am meisten Angst hatten die Menschen vor dem Bunyip, einem hässlichen Ungetüm mit dem Pelz eines Bären, dem Kopf eines Vogels, den Krallen einer Echse und dem Hunger eines Drachen. So gut es ging, versuchten die Menschen, dem Untier aus dem Weg zu gehen. Doch das gelang nicht immer.

Der Bunyip kam, wenn der Tag ging; wenn die Schatten die Macht übernahmen und die Dunkelheit das Land auffraß. Auch an diesem Abend war der Bunyip losgezogen, um seinen Hunger zu stillen. Er machte es sich unter einem Eukalyptusbaum bequem, unter dem er kaum auszumachen war. Hinter ihm lag der Sumpf, vor ihm ein Rastplatz der Menschen am Ufer eines Teiches.

Der Mensch, den der Bunyip als Erstes erblickte, stand reglos im Wasser zwischen dem Schilf; nur sein Kopf lugte heraus. Auf diesem hatte er ein paar Schilfwedel festgebunden, zur Tarnung. Nicht, dass sich der Mann mit dem seltsamen Kopfschmuck vor einem Feind versteckte – er machte sich unsichtbar für die Enten, die er mit bloßen Händen jagen und packen wollte.

Als der Bunyip den Mann entdeckt hatte, drückte er sich noch dichter an den Baumstamm, ja, er wickelte seinen hässlichen Körper beinahe um den Stamm herum, in der Hoffnung, unbemerkt zu bleiben und zuschlagen zu können, sobald der Entenjäger an ihm vorbeiziehen würde.

Doch der Jäger wusste, dass er schnell zum Gejagten werden konnte, und war immer aufmerksam, selbst auf der Pirsch. Er nahm die Bewegung hinter sich wahr, sah den Bunyip, der sich hinter dem Baum zu verstecken versuchte, und begann, um Hilfe zu schreien. Denn er wusste: allein hatte er im Kampf gegen einen Bunyip keine Chance, vor allem nicht in der Nacht, wenn die Bestie über besondere Kräfte verfügte. Der Bunyip, erschrocken ab dem Lärm, den dieser Mensch veranstaltete, machte einen großen Satz nach vorn und wollte den Mann packen. Doch er bekam nur die Schilfwedel auf seinem Kopf zu fassen, die er überrascht festhielt und dann verärgert auf den Boden schmiss. Der Jäger krabbelte, so schnell er konnte, die Böschung hoch, wo ihm seine Leute bereits zu Hilfe eilten. Auch die junge Frau, die er liebte und die er bald heiraten wollte, war, ohne zu zögern, zu ihm hingerannt. Er hatte sie schon immer für ihren Mut bewundert. Sie nahm ihm die Enten ab, die er immer noch in den Händen hielt, und fragte ihn, was denn geschehen sei.

»Ein Bunyip!«, rief der Jäger außer Atem. Erst jetzt merkte er, wie groß seine Furcht gewesen war. Seine Knie fühlten sich an wie Brei, kalter Schweiß stand ihm auf der Stirn, und hin und wieder durchfuhr ihn ein Schauder. Als er seiner Freundin berichtete, wie der Bunyip ihn um ein Haar erwischt hätte und er schon mit seinem Leben abgeschlossen hatte, musste sie lachen über seine Angst.

»So knapp wirds wohl nicht gewesen sein. Ein Bunyip ist auch nur ein Tier!«

Dieses Lachen genügte. Ein kleiner Moment der Unachtsamkeit. Blitzschnell sprang der Bunyip die Böschung hinauf und schnappte die junge Frau. Er griff sie sich mit seinen Klauen und stob durch den Sumpf mit ihr davon. Dem entsetzten Entenjäger blieb nichts anderes übrig, als den beiden hilflos hinterherzublicken. Noch viel später in der Nacht hörte er die Schreie seiner Freundin weit weg im Sumpf. Er war sich sicher, dass sie gegen den Bunyip kämpfte, mutig, wie sie war, doch er wusste, dass sie gegen dieses Untier keine Chance hatte.

Als Stunden später der neue Tag die Finsternis aus der Welt schob, packte der Jäger all seine Pfeile und Speere ein und machte sich auf zum Sumpf. Er musste nicht lange suchen, da entdeckte er die Klauenspuren des Bunyip. Ihm war klar, dass er mit reiner Kraft gegen das

Tier nichts ausrichten konnte – er musste eine List anwenden. Also fing der Jäger zwölf Frösche, band sie an den Beinen zusammen und befestigte sie an einem Pfahl. Würde der Bunyip kommen und sich an den Fröschen verköstigen, wollte er sich an ihm vorbei in dessen Höhle schleichen und seine Freundin befreien. Er setzte sich ins Gebüsch, so wie er jeweils auf die Enten lauerte, und wartete. Kein Bunyip kam. Keine Spur von seiner Freundin. Als der Tag zu Ende ging, zog der Jäger niedergeschlagen nach Hause.

Nach einer Nacht, in welcher der Schlaf wieder nicht gekommen war, machte er sich am nächsten Morgen erneut zu der Stelle auf, an der er tags zuvor vergebens auf den Bunyip gewartet hatte. Die Frösche waren weg. Und die Spuren im Schlamm bewiesen, wer sie sich geholt hatte. Jetzt hoffte der Jäger wieder. Erneut fing er Frösche ein, band sie an den Pfahl, setzte sich stundenlang hinter ein Gebüsch und wartete wie am Vortag – vergebens.

Als er am nächsten Morgen wiederkam, waren die Frösche verschwunden. Die Geschichte wiederholte sich Tag für Tag. Und selbst als das Volk des Jägers weiterziehen musste, war er nicht bereit, die Hoffnung zu begraben und sich seinen Leuten anzuschließen. Er blieb.

»Eines Tages, wenn der Bunyip kommt, um sich die Frösche zu holen, dann werde ich in seine Höhle schlüpfen, mein Mädchen holen und es zurückbringen«, sagte er seinen Freunden zum Abschied. Mit traurigen Augen blickten sie ihn an. Keiner glaubte, dass dies gelingen könnte.

Die Zeit verging, obwohl der Jäger meinte, sie stehe still. Und dann, eines Morgens, sah er sie, seine Geliebte und den Bunyip. Die Sonne hielt sich noch versteckt, ein leichter Nebel mit Nieselregen machte die Farben dumpf und tauchte die Welt in Grau. Der Bunyip wollte sich seine Frösche holen. Und da es neblig war, musste er gedacht haben, es sei immer noch Nacht.

Obwohl der Jäger sich diesen Moment so sehnlich herbeigesehnt hatte, wünschte er sich jetzt, an einem anderen Ort zu sein. Er fürchtete sich schrecklich und zwang sich dennoch, zu bleiben, wo er war. Er meinte, gut versteckt zu sein. Doch der Bunyip mit seiner auf Menschen empfindlichen Nase witterte ihn sofort und erkannte ihn auch wieder. Ein grässliches Drohgebrüll drang aus seinem Rachen. Der Jäger erzitterte. Seine Freundin verbarg das Gesicht in ihren Händen und begann zu weinen. In seiner Panik griff der Jäger nach einem Stein und schleuderte ihn auf die Bestie. Doch der Bunyip wich blitzschnell aus, packte einen der Frösche und schleuderte diesen dem Jäger zwischen die Augen, sodass der einen Moment lang nichts mehr sehen konnte. Die eigenartige Schlacht mit Steinen und Fröschen schüchterte den Jäger nicht ein. Er griff nach einem seiner Speere und warf ihn dem Bunyip mitten in sein Auge.

Das sah furchtbar aus. Ebenso grässlich klang der Schrei der Bestie. Unter Schmerzen ergriff der Bunyip die Flucht. Der Jäger blickte ihm überrascht nach und lachte. Er war sich sicher, seine Freundin zurückgewonnen zu haben. Er packte sie am Arm und rannte mit ihr weg.

Was der Jäger nicht ahnte: Der Bunyip hatte die junge

Frau mit einem Zauberspruch belegt, der sie zwang, ihm stets zu folgen. Sie entriss sich ihrem Liebsten, wechselte die Richtung und nahm ihrerseits die Verfolgung des Bunyips auf. Auch der Jäger machte nun rechtsum kehrt und folgte seinem Mädchen. Sie lieferten sich eine bizarre Jagd.

Als der Bunyip den Sumpf hinter sich gelassen hatte und auf dem Festland angekommen war, hatte die Frau ihn eingeholt. Zusammen rannten sie einen Hügel hoch, der den Namen Goombargona trug. Zuoberst stand ein Eukalyptusbaum. Flink kletterte der Bunyip den Stamm hinauf. Die junge Frau aber blieb unten stehen und blickte ängstlich zu ihm hoch. Der Zauber verlangte, dass sie dem Bunyip folgte, doch sie fürchtete sich vor der Höhe. Sie zögerte lange genug, dass ihr Geliebter sie gerade noch erreichen konnte. Seine Kraft war erschöpft, und er hatte vor lauter Rennen nicht realisiert, dass die Nacht schon wieder im Kommen war; die Nacht, in welcher der Bunyip über mehr Macht verfügte als bei Tage. Das Untier oben auf dem Baum machte sich dies zunutze: Es belegte auch den Jäger mit einem Fluch, damit der sich nicht mehr rühren konnte.

So standen sie nun da, die drei, auf einem Hügel, fernab von allen anderen Menschen. Der Jäger, wie zu Stein erstarrt, blickte auf seine Geliebte. Diese kauerte unten am Stamm des Eukalyptusbaumes. Und der Bunyip starrte aus den Ästen mit seinem verbliebenen Auge auf die beiden hinab.

Wahrscheinlich würden sie noch immer so verharren, wäre nicht plötzlich ein Sturm aufgezogen. Der Wind wütete und rüttelte am Eukalyptusbaum, bis dessen Wurzeln nicht mehr hielten und er zu Boden geschleudert wurde – und mit ihm stürzte auch der Bunyip. Dumpf schlug sein schwerer Körper auf dem Boden auf – und blieb liegen. Nur: Das heile Auge des bösen Tiers war irgendwie dort oben im Himmel hängen geblieben.

Es war nicht klar, ob der Bunyip wirklich gestorben war. Doch sein Körper regte sich nicht mehr, und sowohl der Jäger als auch seine Freundin waren von dem Fluch befreit. Sie umarmten sich lange und still, wollten sich gar nicht mehr loslassen. Dann nahm der Jäger seine künftige Frau an der Hand. Langsam und ohne viel zu reden, zogen sie los, um das neue Lager ihres Volkes zu suchen. Sie hatten ihren Freunden viel zu erzählen. Und sie wollten ein Fest organisieren; jetzt musste geheiratet werden.

Und das Auge des Bunyips? Das ist am Himmel stehen geblieben und leuchtet seither jede Nacht für die Menschen und die Tiere. Wir nennen es heute Mond.

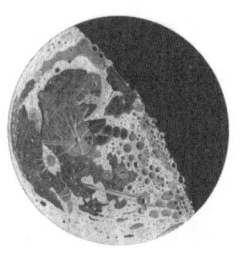

Wie Kweku Tsin zur Sonne wurde

Nach einer Legende aus Ghana

Es waren keine guten Zeiten. Hunger plagte die Menschen und ließ ihre Bäuche vor lauter Leere kugelrund werden. Ihre Arme glichen nur mehr dürren Zweigen statt starken Ästen. Die Augen der Kinder hatten ihr Leuchten verloren und lagen in tiefen Höhlen. Die Freude war den Menschen abhandengekommen.

Auch im Dorf von Anansi beherrschte der Hunger das Dasein. Jeden Morgen, noch bevor der Tag begonnen hatte, zog Anansi mit seinem Sohn Kweku Tsin in den Dschungel. Sie trugen Pfeil und Bogen mit sich, stets in der Hoffnung, dieses Mal nicht wieder mit leeren Händen nach Hause zu kommen. Sie waren beide geschwächt. Seit Tagen hatten sie kein Tier mehr erlegt. Doch an diesem Frühlingsmorgen hatte Kweku Tsin schon nach wenigen Minuten Glück.

Beinahe hätte er das Tier gar nicht bemerkt. Er war schon an dem Strauch vorbeigegangen, als er darin plötzlich ein Rascheln vernahm. Kweku Tsin blieb wie erstarrt stehen. Auch das Tier rührte sich nicht mehr. So konnte Kweku Tsin es weder sehen noch hören, aber er spürte seine Gegenwart. Konzentriert starrte er in den Busch. Er konnte ein Ohr erkennen, dann das fein gezeichnete Gesicht einer Gazelle. Wie wunderschön sie war! So langsam, dass seine Bewegungen von bloßem Auge kaum wahrnehmbar waren, entnahm er dem Köcher einen Pfeil, spannte ihn in seinen Bogen. Dann trat er einen Schritt nach vorn, das Tier machte einen Satz – Kweku Tsin schoss und traf. Die Gazelle warf erschrocken den Kopf hoch und sank tot in sich zusammen.

Kweku Tsin schrie laut auf vor Freude. Sein Vater Anansi eilte heran, um zu sehen, was geschehen war. Als er die tote Gazelle neben seinem Sohn erblickte, strahlte er vor Glück. »Was für ein Festmahl das geben wird!«, sagte er und strich Kweku Tsin anerkennend über die Haare. Dann packte Anansi das Tier, warf es sich über die Schultern und trug es zu einem nahen Rastplatz auf einer kleinen Lichtung. Dort legte er es ächzend auf den Boden. Die Gazelle war zu schwer, um sie den ganzen Weg bis ins Dorf auf den Schultern zu tragen.

»Ich muss den Tragkorb holen«, sagte Anansi zu seinem Sohn. »Du wartest hier und passt auf die Gazelle auf.« Er wies Kweku Tsin an, Pfeil und Bogen bereitzuhalten. »Nimm dich vor den Hyänen in Acht!« Dann zog Anansi davon.

Kweku Tsin setzte sich neben seine Beute und begann,

auf einem süßen Holz herumzukauen. Er wartete. Und wartete. Und wartete. Doch sein Vater kam nicht zurück. Kweku Tsin wurde unruhig. Ob sich der Vater verirrt hatte? Oder ob ihm etwas zugestoßen war? Hatte ihn ein wildes Tier angefallen?

»Vater! Vater!« Kweku Tsin rief laut in den Wald hinaus. Am liebsten wäre er losgezogen, um nach ihm zu suchen. Doch er konnte die wertvolle Beute nicht zurücklassen. Die Gazelle bliebe nicht lange hier liegen; schnell wären die Hyänen da, oder eine Wildkatze oder die Aasgeier. Kweku Tsin versuchte, sich die Gazelle auf die Schultern zu laden, so, wie es sein Vater getan hatte. Doch bereits nach zwei Schritten musste er erkennen, dass das Tier zu schwer für ihn war. »Vater!«, rief Kweku Tsin verzweifelt in den Wald. »Vater!«

Plötzlich erhielt Kweku Tsin eine Antwort. »Ja, mein Sohn?« Es war eher ein Flüstern, eine leise Stimme aus weiter Ferne. So, dass er sich nicht sicher war, ob er dies wirklich gehört oder es sich nur eingebildet hatte. Also rief er erneut nach seinem Vater, so laut er konnte. Da raschelte es im Gebüsch. Es war ein ungewöhnlich lautes Rascheln, ein Rascheln, das nicht danach klang, als ob es von einem Menschen verursacht wurde. Kweku Tsins Herz schien ein paar Schläge lang auszusetzen. Anstelle seines Vaters erschien zwischen den Bäumen ein hässlicher Drachen. Aus seinen Nüstern züngelten Feuerflammen, seine Backenzähne waren länger als Kweku Tsins Oberarme, seine Augen leuchteten gelb, und auf seiner Nase türmten sich grüne Warzen.

Kweku Tsins Schrei blieb ihm im Hals stecken. Er

konnte sich nicht mehr rühren und war sicher, verloren zu sein. Doch als das schauerliche Untier einen weiteren Schritt auf Kweku Tsin zuging, rannten seine Beine von selbst los, sie rannten so schnell wie nie zuvor. Sie trugen ihn in eine nahe gelegene Höhle, die er von früheren Jagdzügen kannte.

Als der Drache auf den Rastplatz trat, schnaubte er wütend, weil er nur die tote Gazelle vorfand und ihm der Menschenjunge entkommen war. Voller Zorn trat er auf das tote Tier ein und spie einen Feuerschwall in die Luft. Er drehte sich einige Male um sich selbst, wobei er mit seinem warzenübersäten Schwanz auf den Boden schlug, und lugte in alle Büsche hinein. Doch der Junge war verschwunden. Noch einmal spie der Drache fauchend Feuer, bevor er enttäuscht weiterzog.

Kurz darauf kehrte Anansi zurück auf den Rastplatz. Erschüttert starrte er auf die zertrampelte Gazelle. Hier musste eine Bestie gewütet haben. »Kweku Tsin«, rief er voller Angst, er fürchtete, seinem Sohn sei etwas zugestoßen. Als Kweku Tsin seinen Namen hörte, wagte er sich wieder aus der Höhle hinaus. Er rannte zurück auf den Rastplatz. Völlig außer Atem erzählte er seinem Vater, was geschehen war. »Der Drache war riesig!«, berichtete Kweku Tsin. »Er spie Feuer und roch nach Schwefel. Er war hässlich wie die Pest!«

Anansi konnte kaum glauben, was ihm sein Sohn erzählte. Ein Drache? Fassungslos schüttelte er den Kopf. »Ich wünschte, ich hätte ihn selbst gesehen.«

Dieser Wunsch wurde Anansi rascher erfüllt, als ihm lieb war. Denn das Monster hatte eine feine Nase für menschliches Fleisch. Und als ihm der verlockende Duft erneut in die Nüstern stieg, machte es rechtsum kehrt und schlich zum Rastplatz zurück. Dieses Mal war es vorsichtiger. Die Beute sollte ihm nicht ein zweites Mal entkommen. Kweku Tsin und Anansi merkten nicht, dass sie beobachtet wurden. Bis das Ungetüm plötzlich mit Getöse aus dem Busch auf die Lichtung sprang. Es packte die beiden mit seinen Klauen. Der Drache klemmte Vater und Sohn unter seine Flügel und schleppte sie mit sich.

Der Drache hauste in einem Schloss, das düster und leer wirkte. Die Mauern waren verwittert, die Türme standen schief, die Fenster sahen aus wie tote Augenhöhlen. Doch Kweku Tsin und Anansi täuschten sich. Als der Drache die beiden ins Verlies warf, stellten sie fest, dass er zahlreiche andere unglückselige Gestalten gefangen hielt. Kweku Tsin sah Gazellen und Giraffen, Springböcke und Gnus, die trübsinnig in der Erde scharrten, als hätten sie längst alle Hoffnung verloren. Die Gefangenen wurden vom Diener des Drachen, einem weißen Gockel, bewacht. Wenn sich jemand regte, krähte der Hahn schrill, um seinen Meister zurückzurufen. Egal, wo sich der Drache gerade aufhielt, mit seinen riesigen Ohren hörte er den Schrei seines Gockels überall im Land.

Kweku Tsin begriff rasch, dass er schlauer war als die Tiere, die im Schlossverlies um ihr Schicksal bangten. »Vater«, sagte er zu Anansi. »Wir können hier nicht bleiben.«

Doch der Vater war nicht wie früher. In Anansis Augen konnte der Sohn die Angst erkennen. Zum ersten Mal fühlte Kweku Tsin, dass die Zeit gekommen war, in der er der Stärkere sein würde und für seinen Vater sorgen müsste – nicht mehr umgekehrt. Er musste handeln.

Als der Drache erneut zu einem Beutezug aufbrach, rief Kweku Tsin alle anderen Gefangenen heimlich zusammen. »Wir werden fliehen«, sagte er den Tieren. »Nur, wenn wir alle zusammenhalten, können wir es schaffen.«

»Das geht nicht«, wieherte ein Zebra. »Der Gockel ist auf der Hut: Kräht er, eilt der Drache schneller zurück als der Wind.«

»Er wird uns einfangen und fressen«, flüsterte ein kleiner Springbock.

»Die Augen des Drachen sehen so gut, dass er die Bewegung einer Fliege aus meilenweiter Entfernung erkennen kann«, blökte ein Gnu. »Nicht nur das: Er kann sich so schnell und behände bewegen, dass man ihn gar nicht sieht.«

»Wir haben schon alles probiert, und niemals hat es geklappt«, fügte eine Giraffe an. »Der Drache ist zu gefährlich. Und wehe, wenn er wütend ist!«

Kweku Tsin ließ sich von den warnenden Stimmen nicht beeindrucken. Es musste ihm bloß ein Plan einfallen, wie sie den Drachen überlisten konnten. Er dachte eine Weile nach – und schon flog ihm eine Idee zu: Würde der Hahn nicht krähen, käme der Drache nicht zurück. Also mussten sie den Hahn ablenken. Und Hähne, das wusste er aus Erfahrung, vergaßen alles um sich herum, wenn es ums Fressen ging.

Der Hahn würde das Krähen vergessen, solange er vor sich Reiskörner zum Aufpicken hatte. Kweku Tsin schlich in die Vorratskammer hinter der Küche und entwendete vierzig Säcke voller Reiskörner. Zehn Mal musste er unentdeckt in die Küche gelangen und wieder zurückkehren, weil er nicht mehr als vier Säcke auf einmal zu tragen vermochte. Der Gockel merkte nichts von seinem Tun. Danach leerte Kweku Tsin sämtliche Säcke in der großen Festhalle des Schlosses aus.

Der Hahn konnte sein Glück kaum fassen. Was für ein Schlaraffenland! Kweku Tsin stürmte ins Verlies zurück und spornte seine Mitgefangenen an. Denn jetzt musste alles schnell gehen. Während der dumme Gockel damit beschäftigt war, die Körner aufzupicken, beauftragte Kweku Tsin die Spinnen, feine Seile zu spinnen und daraus eine starke Leiter zu knüpfen. Das eine Ende der Strickleiter wollte Kweku Tsin hoch hinauf in den Himmel werfen. Denn er vertraute darauf, dass die guten Götter die Leiter auffangen und festhalten würden, damit er und seine Fluchtgefährten über die Leiter in die Freiheit steigen konnten.

Während Kweku Tsin mit der Leiter beschäftigt war, suchten die Tiere unter der Anleitung von Anansi alle Lebensmittel zusammen, die im Schloss zu finden waren. Diese steckten Kweku Tsin und Anansi in einen großen Sack. Kweku Tsin griff sich zudem die Geige des Drachen. Nun war alles bereit. Mit viel Schwung warf Kweku Tsin das Ende der Leiter hinauf in den Himmel, so hoch, wie er nur konnte. Und siehe da: Die guten Götter fingen sie auf und hielten sie fest. Kweku Tsin bat seinen Vater, als Erstes hinaufzusteigen. Ihm folgten alle anderen Opfer des Drachen. Eines nach dem andern kletterte Tritt um Tritt der Freiheit entgegen. Nur Kweku

Tsin wartete zuhinterst und stand noch immer auf dem Boden.

Niemand weiß, wie – aber der Drache, der sich weit weg vom Schloss befand, schöpfte Verdacht, dass während seiner Abwesenheit Ungewöhnliches geschah. Eilig sprang er mit riesigen Flugschritten nach Hause. Als Kweku Tsin das grüne Monstrum heranstürmen sah, stieg er ebenfalls auf die Leiter. Den Sack voller Lebensmittel trug er auf dem Rücken, die Geige unter dem Arm.

Kweku Tsin war noch nicht viele Sprossen hochgeklettert, da griff der Drache mit seinen Klauen nach der Strickleiter. Das Ungetüm begann, erstaunlich geschickt hinter dem Jungen hochzusteigen. Rasch kam es näher. Doch jedes Mal, wenn es beinahe einen Fuß des Jungen zu fassen bekam, griff Kweku Tsin mit der freien Hand in den Sack und warf dem grünen Untier etwas daraus zu; mal eine Tomate, mal eine Melone, mal ein Stück Fleisch – all das Essen, das seine Mitgefangenen eingesammelt hatten. Kweku Tsins Trick funktionierte: Da der Drache überaus hungrig war, hielt er jedes Mal kurz inne, um das Häppchen zu verschlucken.

»Friss schön, mein Drache!«, rief Kweku Tsin übermütig und fuhr damit fort, Lebensmittel hinunterzuwerfen, bis der Sack leer war. Mittlerweile hatten es alle Flüchtenden geschafft, den Himmel zu erreichen. Nur Kweku Tsin war noch unterwegs. Weil er nun nichts mehr zum Füttern des Drachen hatte, klemmte er sich dessen Geige unter das Kinn. Er stoppte hin und wieder, um darauf eine Melodie zu spielen. Auch dieser Plan ging auf: Jedes Mal, wenn der Drache die Geigenklänge hörte, stieg er

wieder auf den Boden hinab, um dort seinen Drachen-
tanz zu vollführen. Er konnte der magischen Musik nicht
widerstehen.

Trotzdem bekam der Drache Kweku Tsin beinahe
noch zu fassen, als dieser zuoberst angekommen war. Da
beugte sich der Junge hinab und durchschnitt das Seil
der Leiter. Unter feurigem Schnauben stürzte der Drache hinab auf die Erde – Kweku Tsin aber wurde von den
guten Göttern festgehalten und hinauf in den Himmel
gezogen.

Die Götter waren mit Kweku Tsin sehr zufrieden. »Du
hast Mut bewiesen und Weisheit – dank deines schlauen
Kopfes und deiner Unerschrockenheit hast du alle Gefangenen befreien können«, sagte eine Gottheit. »Und vor
allem: Du hast nicht nur an dich selbst gedacht, sondern
zuerst an die Schwächeren. Dafür sollst du belohnt werden.«

Damit hatte Kweku Tsin nicht gerechnet. Die Freiheit
war ihm eigentlich Geschenk genug, einzig darum hatte
er die Flucht organisiert. Er fühlte, wie sein Gesicht rot
anlief, als er vernahm, welche Ehre ihm die Götter erwiesen: »Du wirst zur Quelle allen Lichtes und aller Wärme
auf dieser Welt«, sprachen die Götter, und sie machten
Kweku Tsin zu unserer Sonne. Auch sein Vater Anansi erhielt eine wichtige Aufgabe: Die Götter machten ihn zu
unserem Mond. Und alle Freunde von Kweku Tsin und
Anansi durften fortan Sterne sein.

Mond Anansi und Sonne Kweku Tsin machten ihre
Arbeit gut: Der Mond schien den Menschen in der Nacht
und regelte Ebbe und Flut. Die Sonne versorgte die Erde

mit Licht und Wärme, ohne die alle Wesen dumpf und kraftlos wären. Doch gleichzeitig hielt sich Kweku Tsin zurück; er war eine vorsichtige Sonne, stets darauf bedacht, nicht zu heiß zu brennen und seinem Land keine neue Dürre zu bringen. Denn er wusste, was es bedeutete zu hungern. Seit Kweku Tsin zur Sonne wurde, musste das Land keine Hungersnot mehr erleiden. Wie stolz Mond Anansi auf seinen Sohn war. Immer am frühen Morgen und am späten Abend, wenn sie beide am Himmel standen, nickte Mond Anansi der Sonne Kweku Tsin zu.

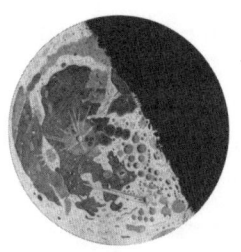

Als Sonne, Mond und Wind
dinieren gingen

Nach einem Märchen aus Indien

Noch war der erste Mensch nicht geboren. Und auch im Himmel herrschte nicht die Ordnung, die wir heute kennen. Die Sonne war gerade erst im frechen Jugendalter. Ihr Bruder, der Wind, hatte jenen Lebensabschnitt erreicht, in dem man sich bereits erwachsen fühlt, es aber noch nicht wirklich ist. Und der Mond, das Nesthäkchen der Familie, wäre gerne noch etwas länger Kind geblieben – doch seine Kindheit war gerade dabei, für immer verloren zu gehen.

Denn die Mutter von Sonne, Wind und Mond fand, es sei an der Zeit, dass ihre Kinder fortan ein eigenständiges Leben lebten. Sie sollten das Zuhause verlassen und sich ihren Aufgaben stellen. Die Mutter war ein alter, weiser Stern – jener, der am weitesten von der Erde entfernt liegt und von bloßem Auge kaum zu erkennen ist.

Die Sternenmutter war sich aber noch nicht ganz sicher, wer künftig welche Himmelsaufgabe übernehmen sollte.

Bis ihr eines Tages Sonne, Wind und Mond gleich selber die Antwort lieferten.

Die drei Geschwister waren furchtbar aufgeregt an diesem Abend. Übermütig wirbelten sie im Haus der Sternenmutter herum. Sie plapperten wild durcheinander, zogen sich an und gegenseitig auf, wählten immer wieder neue Kleider aus und konnten sich dennoch nicht entscheiden, was sie anziehen wollten. Es war ein wildes Spektakel, bis sie endlich so weit waren, auszugehen. Denn es war ein ganz besonderer Tag für sie: Ihre beiden Onkel, der Donner und der Blitz, hatten zu einem Fest eingeladen. Zum ersten Mal durften die drei Geschwister alleine so weit fortgehen; die Mutter würde zu Hause bleiben. Was diese etwas bekümmerte. Sie machte sich Sorgen, dass sich ihre Kinder nicht angemessen benehmen würden. Wenn das nur gut geht, dachte sie. Laut ermahnte sie die Kinder, sich anständig aufzuführen und höflich zu den anderen zu sein. Dann zogen Sonne, Wind und Mond gemeinsam los, immer den Sternen entlang, auf einem Zickzackweg dem Zuhause von Blitz und Donner entgegen.

Die Sorgen der Mutter waren nicht ganz unberechtigt. Denn vor allem die Sonne und der Wind galten beide als gierig, gefräßig und selbstsüchtig. Rücksicht war kein Wort, das ihnen geläufig war. Die Mutter hoffte, dass sich die beiden an diesem Abend zusammenreißen würden.

Als die Geschwister nach einer stundenlangen Reise bei ihren Onkeln, dem Blitz und dem Donner, eintrafen, erwartete sie ein groß angerichtetes Bankett: Riesige Platten mit aufregenden Früchten, Gemüse in den bizarrsten Formen, kreisförmig angeordnete Würste, gebratene Hühner mit riesigen Klauen und ein ganzes Schwein, das an einem Spieß drehte! Sonne, Wind und Mond konnten sich nicht sattsehen. Betörende Düfte vermischten sich und ließen ihnen das Wasser im Mund zusammenlaufen. Kaum hatten die drei das Begrüßungszeremoniell hinter sich gebracht, machten sie sich hinter die Leckereien. Noch nie in ihrem Leben hatten Sonne, Wind und Mond derart Köstliches gegessen. Für die Sonne und den Wind gab es kein Halten mehr. Sie sprangen von Tafel zu Tafel, türmten die Speisen auf die Teller, ihre Portionen glichen Berglandschaften. Die zwei schlugen sich die Mägen voll, bis sie fast zu platzen drohten. Weder Sonne noch Wind dachten auch nur den Bruchteil einer Sekunde an die Mutter, die alleine zu Hause saß und auf ihre Rückkehr wartete.

Auch der Mond konnte sein Glück kaum fassen. Er hatte nicht geahnt, dass es Nahrung geben könnte, die so sanft auf der Zunge zerging, die im Gaumen ein solches Gefühl von Zufriedenheit auslöste. Aber der Mond vergaß seine Mutter nicht. Solch köstliches Essen durfte er ihr nicht vorenthalten. So stahl der Mond von jeder Platte einige Leckerbissen, die er fein säuberlich unter seinen langen Fingernägeln versteckte. Die Portionen waren gerade groß genug, damit ein Stern wie seine Mutter von allem eine Kostprobe genießen konnte.

Es war spät geworden, als Blitz und Donner den drei Geschwistern deutlich machten, dass es an der Zeit sei, den Rückweg anzutreten. Wind und Sonne griffen sich noch rasch die letzten Stücke, die übrig geblieben waren, und stopften sich auch diese in den Mund. Und dies, obwohl sie sich schon fast nicht mehr rühren konnten, vollgefressen, wie sie waren. Der Mond musste seine Geschwister auf dem Nachhauseweg immer wieder anstoßen, weil sie stehen bleiben wollten. Wäre der Mond nicht gewesen … wer weiß, ob Sonne und Wind es überhaupt noch zurückgeschafft hätten.

Die Mutter war vom langen Warten müde geworden. All die Stunden hatte sie mit ihrem kleinen Licht Wache für ihre Kinder gehalten. Der Tag hatte schon damit begonnen, die Nacht zu verdrängen, als Sonne, Wind und Mond endlich auftauchten. Die Mutter umarmte ihre Kinder und fragte sie, wie es ihnen ergangen sei.

Sonne, Wind und Mond redeten alle gleichzeitig los und entfachten mit ihren Stimmen ein wirres Durcheinander, sodass die Mutter kein Wort verstand und lachen musste. »Offensichtlich hattet ihr euren Spaß«, stellte sie zufrieden fest. »Und, was habt ihr mir denn mitgebracht?«

Einen kurzen Moment lang war es still. Die Sonne, die Älteste der drei, legte sich am schnellsten eine Antwort zurecht. »Ich habe dir nichts mit nach Hause gebracht.« Die Sonne wirkte nicht im Geringsten verlegen. »Ich bin ausgegangen, um mich zu amüsieren – nicht, um für meine Mutter Essensreste einzusammeln!«

Auch der Wind schien kein schlechtes Gewissen zu haben. »Ich habe ebenfalls nichts für dich, Mutter«, sagte er leichthin. »Du hast kein Wort gesagt, dass wir dir etwas bringen sollen.«

Er warf seiner Mutter einen fast schon vorwurfsvollen Blick zu.

Der Einzige, auf dessen Lippen noch immer ein Lächeln saß, war der Mond. »Ich hab dir etwas mitgebracht!«, rief er laut aus und er bat seine Mutter, sich einen Teller zu nehmen.

Was freute sich die Mutter, als der Mond unter jedem seiner Fingernägel eine kleine Kostprobe von all den Leckereien hervorklaubte und sorgfältig auf dem Teller anrichtete. Sie genoss jeden einzelnen Bissen. Noch nie hatten die drei Kinder die Mutter so langsam essen gesehen. Verträumt schob der Mutterstern jede Portion im Mund hin und her, um den Geschmack voll auszukosten. Nie zuvor in ihrem Leben hatte sie etwas so Köstliches gegessen wie die Häppchen, die ihr Sohn, der Mond, für sie mit nach Hause gebracht hatte.

Erst als sie ihr Mahl beendet hatte, blickte die Mutter auf und sah ein Kind nach dem anderen an. Sie wusste jetzt, wie sie zu entscheiden hatte. Es tat ihr zwar leid, was sie ihnen zu verkünden hatte, aber es war nicht zu ändern. Als Erstes wandte sich die Mutter der Sonne zu. »Sonne, du bist ausgegangen, nur um dich zu amüsieren. Keinen kleinen Augenblick lang hast du an deine Mutter gedacht. Du warst so ausgefüllt mit Gedanken an dich selbst und an dein eigenes Wohlergehen, dass es in deinem Kopf keinen Platz mehr gab für etwas anderes. Du wirst darum in deinem Leben eine undankbare Aufgabe erfüllen müssen. Fortan werden deine Strahlen für immer heiß und glühend sein, sie werden alles verbrennen, was sie berühren. Niemand wird dir je nahekommen können – weil du nie an jemand anderen gedacht hast. Alle Wesen werden dich meiden, sie werden ihre Köpfe bedecken, sobald du erscheinst, weil sie Angst haben, sich an dir zu verbrennen.«

So geschah es. Ihr Eigennutz ist der Grund, warum die Sonne so heiß und glühend und ganz allein über uns am Himmel steht.

»Auch du hast deine Mutter aus lauter Selbstverliebtheit vergessen«, tadelte die Sternenmutter ihren ersten Sohn, den Wind. »Du hast dich mit deinen Freunden vergnügt und an nichts anderes mehr gedacht. Darum wirst auch du kein einfaches Leben führen. Du wirst fortan unablässig blasen und wehen. Im warmen, trockenen Wetter wirst du als heißer Wind jedes Wesen ausdörren und verwelken lassen. Bei kaltem Wetter wirst du als eisiger Sturm alles auf der Erde gefrieren lassen. Jeder wird dich verachten und sich vor dir verstecken, von nun an und für immer.«

So geschah es. Seine Selbstverliebtheit ist der Grund, warum der Wind unablässig weht, uns Hitze bringt, wenn es schon heiß genug ist, und die Kälte bis in den kleinsten Winkel bläst, wenn es schon eisig ist.

Der Mond blickte seine Mutter erschrocken an. Ihm war bange geworden, als er hörte, welchem Schicksal sie seine Geschwister ausgeliefert hatte. Er wollte nicht gemieden werden. Er wollte nicht verachtet werden. Der Mond wünschte sich, dass alle ihn gernhaben. Er hoffte, dass seine Mutter mit ihm gnädiger sei.

»Mond, mein Kind«, sagte sie feierlich. »Weil du als Einziger trotz all der Verlockungen an deine Mutter gedacht hast und bereit warst, mit mir dieses wunderbare Essen zu teilen, wirst du von nun an kühl und ruhig und hell am Himmel stehen. Kein schädliches, blendendes Licht wird von dir ausgehen, sondern ein reines Leuchten. Die Sterne werden dich umgeben und deine Freunde sein. Und alle Wesen auf der Erde werden dich lieben. Du wirst ihnen in der Dunkelheit Licht spenden und den Weg weisen.«

Und so kam es. Darum erhellt der Mond das Dunkel mit seinem sanften Licht und schenkt allen Kraft und Hoffnung, die es nötig haben. Bis zur heutigen Nacht.

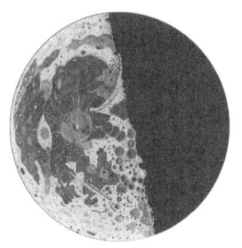

Eine vermaledeite Reise

Ein französisches Volksmärchen

Die Bewohner des kleinen französischen Dorfes Balzat standen im Ruf, von einfältigem Gemüt zu sein. Oder, um es beim Namen zu nennen: Man sagte über die Menschen aus Balzat, sie seien ziemlich dumm.

Und sie taten nicht viel dafür, um ihren schlechten Ruf loszuwerden. Vielmehr arbeiteten sie – mehr unfreiwillig als gewollt – darauf hin, das Bild, das man sich gemeinhin von ihnen machte, zu bestätigen. Da war zum Beispiel diese Geschichte mit der Kirche. Vor deren Eingang wucherte ein Brombeerstrauch. Er wurde größer und größer und nahm bald so viel Platz ein, dass man kaum mehr in die Kirche hineingelangen konnte. Das ging natürlich nicht; die Menschen von Balzat waren gottesfürchtig, und sie sorgten sich, Gott würde es ihnen übel nehmen, wenn sie der Kirche fernblieben – selbst dann, wenn dies nicht freiwillig geschah, sondern weil ein Brombeerstrauch ihnen den Weg versperrte. Also beschlossen die Menschen von Balzat, dass etwas getan werden musste: Die Kirche sollte verschoben werden. Die Männer im Dorf wiesen ihre Frauen an, einen langen Wollstrick zu fertigen. Die Frauen strickten, was das Zeug hielt. Als der Wollstrick fertig war, schlangen die Männer ihn drei Mal um den Kirchturm. Das ganze Dorf hatte sich bei der Kirche versammelt, und auf Befehl des Bürgermeisters begannen sie, alle gemeinsam am Strick zu ziehen. Hau ruck, hau ruck, hau ruck. Der Wollstrick dehnte sich, wurde länger und länger, und mit jedem Hauruck wichen die Dorfbewohner dadurch ein paar Zentimeter zurück.

»Die Kirche bewegt sich!«, riefen sie begeistert. »Es funktioniert!«

Doch dann zerriss ein Knall die Luft, der Wollstrick war in Fetzen – und die Menschen von Balzat stürzten alle um. Verdutzt saßen sie auf dem Boden und blickten zum Kirchturm hoch. Sie staunten sehr, dass sich die Kirche nicht einen Fußbreit verschoben hatte. Der Brombeerstrauch versperrte noch immer den Eingang. Es blieb ihnen also nichts anderes übrig, als sich geschlagen zu geben.

Oder da gab es diese andere Geschichte. Es geschah in jener Nacht, als sie am Horizont einen orangefarbenen Lichtschein entdeckten.

»Feuer! Feuer!«, schrien sie laut durcheinander. »Läutet die Sturmglocke, bringt Leitern und Eimer her!«

Es herrschte ein furchtbares Durcheinander im Dorf. Alle rannten und brüllten. Als endlich alle bereit standen, um die Feuersbrunst zu löschen, fragten sie sich, wo sie damit anfangen sollten.

»Dort! Dort!«, brüllte der Bürgermeister. »Vorwärts!«

Mit Eimern und Leitern bestückt, zog die ganze Meute aus dem Dorf. Die Männer spornten sich gegenseitig an – schneller, noch schneller – und waren gehörig stolz, wie professionell sie auf dieses Ereignis reagierten. Als sie sicher waren, die Feuersbrunst bald zu erreichen, war da aber gar kein Brand. Stattdessen stieg der Mond aus den Wäldern am Horizont. Ein schöner, runder Mond, der seinen Schein über Balzat warf. Er tauchte die Bürger in ein glutrotes Licht, die da standen, mit ihren vollen Eimern und mit offenen Mündern. Weil sie erkannten, dass es hier gar nichts zu löschen gab.

Wer diese Geschichten hörte, machte sich lustig über die Bewohner von Balzat. Es gab bereits eine ganze Reihe von Witzen über ihre Beschränktheit, was sie zutiefst verletzte. Sie fanden, das könne so nicht mehr weitergehen.

Also berief der Bürgermeister eine Sitzung ein und versammelte die zwölf Dorfältesten um sich.

»Es ist an der Zeit, den guten Ruf von Balzat wiederherzustellen«, sagte er in die Runde. »Und ich habe auch schon eine Idee. Sie ist mir eingefallen, als wir neulich sahen, wie der Mond am Himmel aufgegangen ist.« Dann erzählte der Bürgermeister von seinem Plan, und allen, die ihm zuhörten, blieb vor Staunen der Mund offen stehen.

»Ich schlage vor, dass wir den Mond erforschen!«, rief der Bürgermeister enthusiastisch. »Wir werden als erste Menschen den Fuß auf den Mond setzen! Stellt euch vor, welch Ruhm das für uns bedeuten wird!«

Die zwölf Männer klatschten in die Hände, die einen begeistert, die anderen zögerlich.

»Aber«, wandte ein Skeptiker ein, »wie können wir denn auf den Mond gelangen?«

»Nichts einfacher als das!«, antwortete der Bürgermeister. »Wir sind dreizehn Männer. Jeder nimmt sich einen Nachbarn als Helfer. Dann sind wir sechsundzwanzig Männer. Jeder von uns wird ein Fass auf den Platz vor der alten Mühle rollen. Es müsste doch mit dem Teufel zugehen, wenn diese sechsundzwanzig Fässer, eins auf das andere gestellt, uns nicht so nahe an den Mond bringen würden, dass wir auf ihn hinüberspringen können.«

In den Ohren der zwölf Männer hörte sich der Plan des Bürgermeisters überzeugend an. Und so schritten sie zur Tat. In der nächsten Vollmondnacht rollten die Männer unter Ächzen sechsundzwanzig Fässer die Anhöhe zur Mühle hinauf. Der Bürgermeister erklomm das erste, in der Hand hielt er einen Strick mit einem Widerhaken. Diesen steckte ein Helfer in das Zapfloch des zweiten Fasses, das sie dann mit dem Strick auf das erste Fass hinaufzogen. Der Bürgermeister kletterte daraufhin auf das zweite Fass und zog das dritte zu sich hoch. Vom dritten Fass zog er das vierte nach und so weiter und so fort. Als der Bürgermeister Stunden später auf dem sechsundzwanzigsten Fass zuoberst auf der Spitze dieses wackligen Turmes stand, schrie er zu den Männern des Dorfes hinab: »Ich bin ganz nah dran! Ganz nah! Nur ein winziges Stückchen noch, und ich kann den Mond berühren. Reicht mir noch ein Fass herauf.«

»Aber Herr Bürgermeister«, erklang es von weit unten. »Im ganzen Dorf ist kein einziges Fass mehr aufzutreiben, wir müssten es in der Nachbargemeinde versuchen.«

»Dass ihr auch immer so schwer von Verstand sein müsst«, wetterte der Bürgermeister zornig von oben herab. »Nehmt doch das unterste, das ihr genau vor der Nase habt!«

Die Leute aus Balzat, die stets taten, was man ihnen sagte, zogen das erste Fass, das den Turm auf sich trug, hervor. Kawumm, rumbum, rumbum, rumbum! Unter gewaltigem Getöse stürzte der ganze Bau zusammen, die Fässer purzelten vom Himmel und mit ihnen auch der Bürgermeister. Er brach sich beide Arme, und an seinem Körper blieb keine Stelle heil. Die Dorfbewohner erschraken und erstarrten – und standen einmal mehr stumm da, mit offenen Mündern.

Und sie haben bis heute nicht begriffen, warum die so glücklich begonnene Reise zum Mond ein so schlimmes Ende nahm.

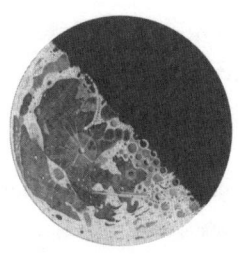

Buddhas Mond

Nach einer Geschichte aus Indien

Es lebten einst drei Freunde zusammen in einem Wald: der Affe, der Fuchs und der Hase. Der Affe war schwarz wie das Pech und schwang sich mit seinen langen Armen von Ast zu Ast, wirbelte von Baumkrone zu Baumkrone und wurde dabei niemals müde. Die Bäume dieses Waldes waren so hoch wie nirgends sonst auf der Welt. Blickte der Affe von oben auf seine beiden Freunde hinab, glichen der Fuchs und der Hase nur noch winzigen Punkten.

Der Fuchs mit seinem roten Fell und seiner weißen Schnauze blieb standhaft am Boden. Er liebte es, durch die Büsche zu streichen, den Käfern nachzujagen oder die wurmlangen Tausendfüßler mit ihren unzählbaren Zappelbeinen mit seiner Nase auf den Rücken zu schubsen, und ihnen dabei zuzuschauen, wie sie sich zurück auf den Bauch wanden.

Der Hase war zwar auch ein Bodentier wie sein Freund, der Fuchs, doch er konnte derart gewaltige Sätze machen, dass es sich anfühlte, als könne er fliegen. So sprang er über Sträucher und Büsche, in denen sich der Fuchs versteckte, und hoppelte unter den Ästen hindurch, in denen der Affe seine Schwünge vorführte.

Nun war man bis anhin der Meinung gewesen, dass sich Affen unter Affen am wohlsten fühlten und sie sonst Freundschaften mieden. Und waren die Füchse nicht Feinde der Hasen, denn üblicherweise hatten sie diese nur zum Fressen gern, und zwar im wörtlichen Sinne? Die Hasen wiederum müssten sich sowohl vor Füchsen wie auch vor Affen fürchten, so schüchtern und vorsichtig, wie sie in der Regel sind. Aber diese drei Freunde waren anders. Sie hielten zusammen wie verschworene Blutsbrüder, und sie hatten den edelsten Ruf: Jeder, der ihnen einmal begegnet war, sprach nur Gutes über sie. Tiere von nah und fern, die den Weg der drei Freunde gekreuzt hatten, erzählten von ihrer Hilfsbereitschaft, von ihrer Großzügigkeit, von ihren warmen Herzen.

Das war auch dem großen Buddha zu Ohren gekommen. Er wunderte sich über diese drei Tiere, die so gar nicht zusammenzupassen schienen und doch eine tiefe Freundschaft lebten. Aber war der Affe wirklich derart großzügig, wie er vorgab? War der Fuchs tatsächlich immer freundlich und zuvorkommend, wie über ihn erzählt wurde? Und war der Hase so selbstlos, wie man hörte? War ihre Freundschaft rein und unverfälscht? Buddha wollte es genauer wissen und beschloss, die drei Freunde einer Prüfung zu unterziehen. Natürlich konnte er nicht als Buddha vor sie treten, das wäre viel zu auffällig gewesen. Also verkleidete er sich als Bettelmönch. Er zog zerschlissene Lumpen über, nahm sich einen Stock und humpelte in den Wald hinein, in dem die drei Freunde lebten.

Er musste nicht lange gehen. Schon nach kurzer Zeit hörte er hoch über sich ein Rascheln. Er blickte auf und sah, wie sich der Affe Ast um Ast zu ihm hinunterhangelte, um schließlich mit einem gewaltigen Sprung vor ihm auf dem Weg zu landen. Der Affe blickte die hinkende, in Lumpen gekleidete Gestalt neugierig an. »Guten Morgen!«, rief er freundlich. »Ist das nicht ein herrlicher Tag?«

Der Mönch senkte den Kopf. Seine Stimme klang heiser und sorgenvoll, als er sprach. »Ach, es wäre sicher ein schöner Tag, wenn mich nicht so ein schrecklicher Hunger plagen würde.«

»Sie haben Hunger?«, fragte der Affe besorgt. »Um Himmels willen, das müssen wir ändern!«

Behände kletterte der Affe auf den nächsten Mangobaum und begann, in Windeseile die reifen Früchte zu pflücken. Während er noch oben in der Baumkrone herumturnte, spazierte unten auf dem Weg der Fuchs heran. Er hielt inne, als er den armen, zerlumpten Mann unter dem Baum stehen sah.

»Guten Tag, heiliger Mann, wie schön heute die Sonne scheint, ein wirklich prachtvoller Morgen!«

»Sonnenschein?«, seufzte der Mönch und blickte hinauf zum Himmel. »Ah, ja. Schade nur, dass der Sonnenschein einen hungernden Mann nicht satt macht.«

»Da kann ich helfen«, sagte der Fuchs mit einem Lächeln auf der Schnauze. In drei Sätzen sprang er hinüber zum See, tapste hinein ins Wasser und schnappte nach den Fischen.

Während der Affe die Bäume nach Früchten durchstöberte und der Fuchs im See Fische jagte, setzte sich der Mönch auf den Boden, lehnte sich mit dem Rücken an einen Baumstamm und wartete gespannt auf den Hasen. Er musste sich nicht lange gedulden. Denn wenn Fuchs und Affe in der Nähe waren, konnte auch der Hase nicht weit sein. Schon hoppelte er herbei.

»Mein Herr, willkommen im Wald. Meine Freunde sagten mir, dass Sie sehr hungrig sind«, begrüßte das Tier mit den überlangen Ohren den Mann.

Der Mönch lächelte zum ersten Mal. »Ich bin hungrig, das ist richtig.« Weiter kam er nicht. Denn just in diesem Augenblick kletterte der Affe vom Baum herunter. Er musste sich mit den Beinen an die Äste krallen, denn in den Armen hielt er einen Haufen reifer Mangos, die er für den Mönch gepflückt hatte.

»Wie großzügig von dir, lieber Affe«, sagte der Mönch. »Du hast wirklich eine herzensgute Seele.«

Da kam auch schon der pudelnasse Fuchs, in seiner Schnauze trug er drei prächtige Fische. Er legte sie dem Mönch vor die Füße. »Hier, die sind alle für Sie, damit Sie wieder satt und glücklich werden.«

»Lieber Fuchs, wie freundlich du bist!«

Der Hase sah dem Treiben zu. Er saß vor dem Mönch, klopfte mit seinem Stummelschwänzchen auf den Waldboden und wirkte nachdenklich. Fieberhaft überlegte er, was er dem armen Mönch schenken könnte. Plötzlich hatte er eine Idee. Er fragte den Affen und den Fuchs, ob sie ihm helfen könnten. Die drei Freunde baten den Mönch, einen Moment zu warten, sie seien gleich zurück. Mit diesen Worten verschwanden sie im Dickicht des Waldes, wo sie die Köpfe zusammensteckten.

Es dauerte nicht lange, bis der Mönch erneut ein Knacken im Gebüsch vernahm. Zuerst kroch der Fuchs aus einem Strauch hervor, der Affe sprang aus einem Baum, und der Hase hoppelte als Letzter heran. Alle drei trugen trockene Äste und Holzstücke in ihren Armen und Pfoten. Der Hase schichtete die Äste aufeinander, baute aus ihnen ein kleines Dreieck. Genau so, wie es ihn sein Vater einst gelehrt hatte. Der Hase zündete das Holz an, pustete zwei, drei Mal kräftig und wartete, bis die Flammen zu lodern begannen. Dann wandte er sich an den Mönch. »Hungriger Mönch. Ich werde nun in dieses Feuer springen.« Es gab kein Zögern in seiner Stimme. »Und sobald ich gut durchgebraten bin, dürfen Sie mich essen.«

Kaum gesagt, hopste der Hase mit einem gewaltigen Sprung mitten ins Feuer. In der gleichen Sekunde ertönte ein fremdartiges, hohes Zischen, und der arme Mönch verwandelte sich zurück in Buddha, der er in Wirklichkeit war. Die Lumpen waren verschwunden, stattdessen trug er ein leuchtendes, rotes Gewand. Seine ganze Gestalt schien zu strahlen wie eine Sonne. Rasch griff Buddha in die Flammen und zog den Hasen an seinen langen Ohren heraus. Zum Glück hatte er noch kein Feuer gefangen.

»Wer bist du?« Der Affe war so überrascht, dass seine Augen noch größer waren als sonst.

»Was für ein Zaubertrick war das denn?«, fragte der Fuchs.

Und der Hase hing noch immer in der Luft und schaute Buddha verblüfft an.

Dieser lachte die drei Freunde an. »Ich bin kein bettelnder Mönch. Und ich weiß jetzt, wie ihr wirklich seid. Ihr seid wahrhaftig großzügig, freundlich, und ihr habt friedvolle Seelen. Ihr beide«, Buddha blickte den Affen und den Fuchs an, »seid gute Tiere mit großen Herzen.« Dann schaute Buddha dem Hasen in die kugelrunden Augen. »Und deine Selbstlosigkeit sind mit nichts zu vergleichen. Du hast meinen ganz besonderen Dank verdient.«

Buddha legte seine Hand auf den Kopf des Hasen. Sein Fell fühlte sich weicher an als Samt. »Als Dank werde ich dich auf den Mond schicken«, sagte Buddha. »Im Mond wird dich jeder Mensch und jedes Tier sehen können und sich an deine Gutherzigkeit erinnern. Und wer dich im Mond erkennt, wird ebenfalls großzügig und gütig handeln.«

Und so geschah es. Wer hinaufblickt in den Nachthimmel und sich den Mond genau anschaut, sieht, dass der kleine Hase bis zum heutigen Tag dort oben sitzt. Und hin und wieder wackelt er mit einem seiner langen Ohren. Fast so, als würde er seinen beiden Freunden und all den Menschen auf der Erde zuwinken – und sie daran erinnern, dass sich Großzügigkeit auszahlt.

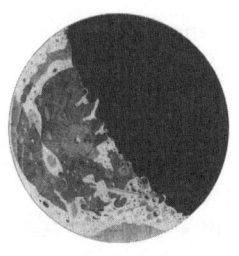

Bahloo, der Mond

Nach einer australischen Legende

In dieser Geschichte trägt der Mond einen Namen, und zwar heißt er Bahloo. Bahloo ist eigentlich ein lieber Mond, aber er fühlte sich lange Zeit ein wenig einsam, allein dort oben am Himmel. Also hat sich Bahloo ein paar Haustiere gezähmt: drei Hunde. Zumindest nennt er sie Hunde, auch wenn sie so gar nicht wie solche aussehen wollen. Bahloo liebt seine drei Tiere innig. Für sie würde er alles tun.

Wie jede Nacht, wenn die Zeit schon fortgeschritten ist und sich der nächste Morgen bereits erahnen lässt, blickt der Mond Bahloo auf die Erde hinab. Er schaut genau, denn er will sicher sein, dass dort unten alle schlafen und alles ruhig ist. Sein Schein wirft ein fahles Licht auf Bäume und Seen, auf Felder und Berge. Er lässt die Blätter der Bäume mit grauen Schatten Bilder auf den Boden malen. Die Ruhe hat sich auf die Welt gebettet. Für Bahloo ist dann die Zeit gekommen, seine Hunde hinab auf die Erde zu schicken, um sie spielen zu lassen. Nirgendwo können sie sich so ausgelassen austoben wie unten auf der Welt, wo sie viel Platz und viel Abwechslung haben.

Nun ist es so, dass der Mond zwar stets von seinen Hunden spricht, wenn er seine drei Tiere meint. Die Menschen auf der Erde aber haben für die Tiere des Mondes einen anderen Namen: Sie nennen sie Schlangen. Um genau zu sein: Es handelt sich um eine Todesotter, um eine Königsboa und um eine Tigerschlange.

Als der Mond in dieser Nacht hinunterschaut auf die Erde, stellt er fest, dass doch nicht alle schlafen. Ein Dutzend Menschen sind gerade dabei, einen gefährlichen Fluss zu überqueren. Zuerst ärgert sich Bahloo gehörig; Menschen sollen schlafen zu dieser Zeit! Die Nacht gehört ihm, nicht ihnen. Doch dann hat er eine Idee. Menschen, die gerade den Fluss überqueren? Das wäre für seine Hunde eine günstige Gelegenheit, auch mal ans andere Ufer zu kommen.

»Stopp, ihr Menschen, wartet!«, ruft der Mond ihnen zu. »Könntet ihr mir einen Gefallen tun und meine Hunde über den Fluss tragen? Sie schaffen das nicht alleine.«

Die Menschen schrecken zusammen, als sie die Stimme Bahloos über ihren Köpfen dröhnen hören. Sie mögen den Mond zwar gerne – seine Hunde aber können sie überhaupt nicht leiden. Denn für die Bewohner der Erde sind die Mondhunde eben das, was sie wirklich sind: Schlangen. Gefährliche Schlangen.

Der Mond aber kennt sich mit den Sorgen der Menschen nicht aus. Alles, was er will, ist, dass seine Hunde zu genügend Auslauf kommen. Dafür ist die Welt der geeignete Ort. Und weil der Mond Bahloo für seine Hunde nur das Beste will, schickt er sie hinab auf die blaue Kugel, die sich Erde nennt und sich um sich selber dreht. Sehr zum Leid der Erdenbewohner! Denn oft kommt es dabei zu unliebsamen Zwischenfällen: Ein Hund vom Mond beißt einen Hund der Erde. Und manchmal beißen die Mondhunde auch die Menschen. Und das Gift, das sie mit ihren Zähnen tief in das Menschenfleisch hineinbohren, hat bereits vielen den Tod gebracht. Und jetzt dies! Der Mond Bahloo bittet die Menschen tatsächlich, seine giftigen Schlangen über den Fluss zu tragen. Kein Wunder, haben sie überhaupt keine Lust, dem Mond diesen Gefallen zu erfüllen.

»Nein, Bahloo, das können wir nicht tun, wir fürchten uns!«, rufen sie zum Mond hinauf. »Deine Hunde könnten uns beißen. Und sie sind nicht wie unsere Hunde. Die Bisse deiner Hunde töten uns.«

Bahloo gibt sich mit dieser Antwort nicht zufrieden. Mürrisch schüttelt er den Kopf. Angsthasen, denkt er, als er auf die winzigen Erdlinge blickt, nichts als Angsthasen, es wird schon nichts passieren. Wer nett ist zu seinen Hunden, den beißen sie auch nicht. Aber das glaubt ihm ja keiner. Darum greift er zu einer List.

»Liebe Menschen«, ruft er hinab. »Wenn ihr tut, um was ich euch gebeten habe, und ihr tatsächlich sterben müsstet – dann verspreche ich euch, dass ihr wiedergeboren werdet.« Bahloo legt eine Spannungspause ein. »Und wenn ihr wiedergeboren seid, müsst ihr nie mehr sterben.« Um seinen Worten Nachdruck zu verleihen, zeigt er den Menschen ein Stück Rinde und wirft es in den

Fluss. »Schaut, die Rinde kommt wieder an die Wasseroberfläche und schwimmt. Genau das wird mit euch geschehen, falls ihr meine Bitte erfüllt: Ihr geht unter, wenn ihr sterbt, doch dann taucht ihr wieder auf.«

Aber er hat sie noch nicht überzeugen können. Also senkt er seine Stimme. »Falls ihr aber meine Hunde nicht über den Fluss ans andere Ufer bringt, dann werdet ihr auf diese Weise sterben.« Der Mond wirft einen Stein in den Fluss, der sofort auf den Grund sinkt. »Ihr werdet untergehen wie dieser Stein und nie wieder auferstehen! Dann seid ihr für immer tot.«

Doch die Angst der Menschen vor den Schlangen ist zu groß. »Wir können das wirklich nicht tun«, rufen sie verzweifelt zum Mond hinauf. »Wir fürchten uns zu sehr.«

»Also gut«, ächzt der Mond. »Dann steige ich halt selbst hinab, um meine Hunde über den Fluss zu tragen. Und ihr werdet sehen, wie zahm und harmlos sie sind.«

Als der Mond Bahloo auf die Erde hinabschwebt, kringeln sich die drei Schlangen und züngeln wild vor Aufregung. Bahloo trägt seine drei Tiere durch das tobende Wasser des Flusses hinüber ans andere Ufer. Sobald er dort angekommen ist, liest er einen Stein vom Boden auf und wirft ihn ins Wasser.

»Ihr seid mutlos und feige, ihr Erdenmenschen«, sagt er beleidigt. »Vor lauter Angst um euer Leben habt ihr nicht getan, was ich von euch verlangt habe.« Und obwohl Bahloo an sich kein böser Mond ist, so hat er doch den Ruf, nachtragend zu sein, sobald er sich ungerecht behandelt fühlt. Darum verhängt er über die Bewohner der Erde eine Strafe.

»Durch eure Feigheit habt ihr die Gelegenheit verspielt, nach dem Tod wiederauferstehen zu können. Jetzt werdet ihr nach eurem Sterben für immer dort bleiben, wo man euch begraben wird. Genau so wie dieser Stein werdet ihr wieder ein Teil der Erde werden. Hättet ihr getan, um was ich euch gebeten habe, hättet ihr so oft sterben können, wie ich sterben kann, und ihr hättet so viele neue Leben erhalten, wie ich neue Leben erhalte. Nun aber werdet ihr nur so lange Erdenmenschen sein, bis ihr tot seid. Danach bleiben von euch nur ein paar Knochen übrig.«

Bahloo, der Mond, sagts verärgert. Seine drei Haustiere zischen giftig. Die Erdenmenschen atmen erleichtert auf, als er schließlich mit seinen Hunden, die in Wirklichkeit Schlangen sind, hinter den nächsten Bäumen aus ihrem Blickfeld verschwindet.

Die Menschen haben sich schon immer vor den Hunden des Mondes gefürchtet. Von diesem Tag an aber hassen sie die sich schlängelnden beinlosen Tiere mit den gespaltenen Zungen und den giftigen Zähnen. Und sobald sie eine Schlange erblicken, töten sie diese, ohne zu zögern. Doch das nützt ihnen nichts. Denn der Mond Bahloo schickt immer mehr Schlangen und noch mehr Schlangen auf die Erde hinab.

»Solange es auf der Erde Menschen gibt, wird es auch Schlangen auf der Erde geben«, sagt der Mond. »Damit die Menschen nie vergessen, dass sie damals zu feige waren, mir meine Bitte zu erfüllen, und dass sie in diesem Moment ihre Unsterblichkeit vergeben haben.« Verständnislos schüttelt Bahloo der Mond den Kopf.

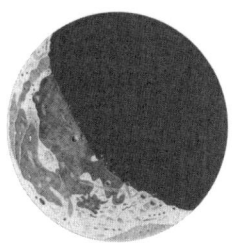

Der Schmied im Mond

Nach einer deutschen Sage aus Brandenburg

Es gibt Menschen, die blicken zum Mond hinauf und meinen, darin sei ein Mann mit einem Reisigbündel zu erkennen. Doch sie irren sich. In Wirklichkeit sitzt ein Schmied im Mond. Und zu diesem Schmied im Mond gibt es die folgende Geschichte.

Es war einmal ein Schuhmacher. Dieser war eigentlich sein eigener Chef und Meister in seinem kleinen Schuhmacherladen. Doch im Hintergrund zog seine Ehefrau die Fäden. Sie führte die Bücher und die Kasse, und zwar mit eiserner Hand.

An einem Montagmorgen schickte die Frau den Schuhmacher zum Gerber, sie gab ihm Geld mit, um Leder einzukaufen. Nun führte aber der Weg zum Gerber an einem Wirtshaus vorbei. Der Schuhmacher hatte dieses beinahe schon passiert – als er innehielt. Er warf einen Blick durch das Fenster in die Gaststube und sah all seine Freunde bereits hinter ihren Gläsern sitzen. Diese erkannten das blasse Gesicht hinter dem Glas sofort, und schon winkten sie ihn herein. Der Schuhmacher ließ sich nicht zweimal bitten. Und er blieb nicht nur für diese eine, sondern auch noch für die nächste und die übernächste Runde. Am Ende war sein Beutel leer, und Leder hatte er keines gekauft. Er kehrte mit leeren Händen nach Hause zurück.

Die Frau war gar nicht erfreut. Sie schimpfte ihren Mann einen Taugenichts. Am nächsten Tag schickte sie ihn erneut los, um nun wirklich das Leder abzuholen, ausgestattet mit dem abgezählten Geld.

Vorbeigehen, sagte der Schuhmacher zu sich selbst, kann ich ja schon beim Wirtshaus, ich darf dieses Mal einfach nicht hineingehen. Immer wieder sagte er dies leise vor sich her. Doch Gedanken sind Gedanken, und Taten sind Taten. Und der Schuhmacher tat, was er schon tags zuvor gemacht hatte: Er blickte zum Fenster hinein, und als ihm seine Freunde zuwinkten, konnte er ihnen nicht einfach den Rücken zuwenden und weitermarschieren. Wiederum kehrte er ein. Wiederum vertrank er das ganze Geld.

Zu Hause ging das Gezeter der Frau von Neuem los.

»Du Versager!«, schrie sie ihm ins Gesicht. »Du machst uns nicht nur das Geschäft, sondern das ganze Leben kaputt.«

Er mochte es gar nicht hören und schaltete seine Ohren auf taub.

Kein Wunder, passierte am dritten Tag dasselbe wie am ersten und am zweiten Tag. Der Schuhmacher zog los, kehrte ein, gab all das Geld aus und kaufte kein Leder.

Nur kehrte er dieses Mal nicht nach Hause zurück. Er schämte sich zu sehr, weil er erneut versagt hatte. Statt den Weg nach Hause zu gehen, bog er vorher rechts ab und kam bald in den Wald hinein. Er wollte seinem erbärmlichen Dasein ein Ende setzen und sich an einem Baum erhängen.

Aber auch bei einem Unterfangen wie diesem gilt: Sich etwas vorzunehmen, ist nicht dasselbe, wie es zu tun. Und manchmal kommt einem etwas dazwischen. Als der Schuhmacher bei einem Baum stand, der ihm geeignet schien, und mit einem Messer den Bast abschälte, um daraus einen Strick zu flechten, kam ein unbekannter Mann vorbei.

»Was machen Sie denn da?«, fragte dieser höflich.

»Ich will mir einen Strick drehen«, antwortete der Schuhmacher. »Und damit alle Teufel der Hölle zusammenbinden!«

Da bekam es der Unbekannte mit der Angst zu tun. Denn er war niemand anderes als der oberste Teufel persönlich.

»Lassen Sie das bleiben!«, rief er erschrocken. »Ich gebe Ihnen so viel Geld, dass Sie damit einen Stiefel füllen können – aber lassen Sie die armen Teufel in Ruhe!«

Der Schuhmacher grinste zufrieden. Schon hatte er vergessen, dass er gerade eben seinem Leben ein Ende hatte setzen wollen. Er war mit dem Vorschlag des Teufels, den er nicht erkannte, zufrieden. Mit der Aussicht auf einen Stiefel voller Geld fühlte sich das Leben gleich viel lebenswerter an, und er ging wohlgemut nach Hause. Dort bastelte er sich eine Hacke zurecht.

»Nur ruhig, nur ruhig«, sagte der Schuhmacher zu seiner Frau, die sich über seinen Tatendrang wunderte. »Wir werden bald so viel Geld erhalten, dass wir es mit der Hacke zusammenkratzen müssen.«

Dann nahm er einen großen Stiefel, schnitt seine Sohle heraus und hängte ihn in den Schornstein. Es dauerte tatsächlich nicht lange, bis der Teufel erschien. Er bemühte sich, Wort zu halten: Er schleppte Sack um Sack voller Münzen heran, um den Stiefel aufzufüllen – nur wurde dieser einfach nicht voll. Denn all das Geld fiel durch den Stiefel hindurch und hinein in den Schornstein, aus dem die Schusterleute weiter unten die Münzen herauskratzten.

Als der oberste Teufel verstand, dass sich seine Schatzkammer langsam leerte, wandte er sich an einen Teufelskollegen.

»Der Schuhmacher hat mich übers Ohr gehauen«, sagte er zu ihm. »Wir können ihm das Geld nicht lassen. Steig du hinunter zu ihm und luchse es ihm mit einer Wette wieder ab. Das Geld soll demjenigen gehören, der drei Pfeifen vom Tabak des anderen zu rauchen vermag.«

So klopfte wenig später der andere Teufel beim Schuhmacher an die Tür und lud ihn zur Wette ein. Die Wette kam diesem zwar ein wenig sonderbar vor, aber da er sich gerade an das Geldmachen gewöhnt hatte und gerne noch etwas mehr davon wollte, ließ er sich auf die Wette ein. Unter einer Bedingung: »Du musst zuerst von meinem Tabak rauchen.« Daraufhin holte er in seinem Arbeitszimmer die Flinte, hielt sie dem Teufel wie eine Tabakspfeife an den Mund – und drückte ab.

Das war nun selbst für den Teufel zu starker Tobak. Fluchend machte er, dass er wegkam.

Als er in der Hölle ankam, schickte ihn der oberste Teufel mit einer neuen Wette gleich wieder zurück: »Das Geld soll demjenigen gehören, der zuerst einen Hasen fängt.«

Also klopfte der Teufelsgehilfe erneut beim Schuhmacher an und schlug ihm die nächste Wette vor.

»Ist mir recht«, sagte dieser, als er hörte, dass es darum ging, einen Hasen einzufangen. Er öffnete seinen kleinen Stall, steckte zuerst zwei und dann heimlich ein drittes Kaninchen in einen Sack.

Als er das erste laufen ließ, wollte der Teufel diesem hinterherjagen. Doch da ließ der Schuhmacher bereits das zweite Tier aus dem Sack. Während der Teufel vom ersten Kaninchen abließ und dem zweiten hinterherhetzte, zog der Schuster rasch das dritte Tier heraus und rief: »Hier, ich habe den Hasen gefangen, ich war schneller!«

So zog der Teufel auch dieses Mal geschlagen davon. Doch der oberste Teufel wollte noch nicht klein beigeben. Erneut schickte er seinen Untertan mit einer Wette los.

»Hier, nimm die schwere Schatzkammertüre mit«, sagte er zu ihm. »Unsere Schatzkammer ist sowieso leer, wir brauchen sie nicht mehr. Und dann wettest du mit dem Schuhmacher darum, dass derjenige das Geld erhält, der die Türe am höchsten werfen kann.«

So klopfte der arme Teufelsuntertan noch einmal beim Schuhmacher an die Tür, um ihm den neusten Vorschlag zu unterbreiten. Der Schuhmacher zeigte sich einverstanden, aber er verlangte, dass der Teufel ihm das Türehochwerfen vormachen sollte.

Der Teufel packte die Tür, schmetterte sie hinauf in die Luft. Sie flog so hoch, dass sie sich, als sie wieder herunterfiel, tief in die Erde hineinbohrte.

»Sodenn«, sagte der Schuster und wies auf die Tür. »Nun hole sie erst mal wieder da heraus.«

Dann blickte der Schuhmacher hinauf zum Mond, der über ihnen stand und die Nacht erleuchtete.

»Warum siehst du zum Mond hinauf?«, fragte der Teufel irritiert.

»Siehst du den Schmied dort oben im Mond?«, fragte der Schuhmacher. »Das ist mein Bruder. Ich werde die Tür bis zu ihm hinaufwerfen, damit er sie als altes Eisen benutzen kann.«

Der Teufel erschrak. Er gab sich allein aufgrund der Ankündigung schon geschlagen. Wer einen Bruder im Mond hatte, konnte bestimmt auch eine Eisentüre bis zu ihm hinaufwerfen. Der Schuhmacher sollte das Geld behalten. Und sein Bruder, der Schmied, sollte die alte Eisentüre erhalten.

Wer genau hinschaut, erkennt ihn noch heute dort oben im Mond, den Schmied, der dort steht, mit Amboss und Hammer. Und mit einer alten Eisentüre.

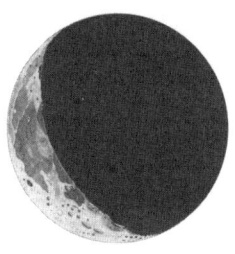

Mondkind

Nach einer Legende aus Spanien

Sie erschien jede Nacht zur gleichen Stunde. Wie ein Schatten huschte sie durch die grauen Gassen hinaus aus der Stadt. Am Meer setzte sie sich auf den großen Felsen, den die Fischer den Löwenkopf nannten. Die Frau verschmolz mit dem Stein. Reglos blickte sie in den Himmel, fast so, als versuche sie, die Sterne zu zählen. Der Mond legte seinen Schein auf ihr Gesicht und seinen Glanz auf ihr seidenschwarzes Haar. Ihre Augen hatten die Farbe eines Rehfells und gründeten so tief, dass man sich darin verlieren konnte. In ihren Adern floss das Blut von Zigeunern; jahrhundertelang waren ihre Vorfahren durchs Land gezogen, getrieben von der Unrast jener, deren Zuhause das Unterwegssein ist. Die Frau wusste um die Kraft der Sterne und von der Macht des Mondes, der dazumal jede Nacht voll am Himmel stand. Darum kam sie immer wieder, wenn alle andern schliefen, um ihr Gebet zu sprechen, das längst zum Klagelied geworden war.

»Mond«, sagte sie. »Mein Wunsch ist kein großer, und trotzdem scheint er sich nicht zu erfüllen. Ich träume von einem Mann an meiner Seite, einem, der mir Liebe schenkt und mir ein Zuhause gibt. Ein guter Mann soll es sein, einer, dem ich vertrauen kann. Nichts wünsche ich mir mehr.

Bitte, Mond, schick mir diesen Mann vorbei, lass sich unsere Wege kreuzen. Du hast die Kraft. Ich flehe dich an.«

Der Mond, der still über ihr stand, war ein guter Mond und half gerne. Nur muss man wissen: Der Mond trug selber einen Wunsch in sich, der nicht kleiner war als jener der Frau, die auf dem Löwenkopf saß und traurig zu ihm sprach.

»Liebe Frau«, sprach der Mond in die Tiefe hinab. »Ich werde dafür sorgen, dass dein Traum wahr wird, wenn auch du mir einen Wunsch erfüllst. Du sollst deinem Mann begegnen. Doch das erste Kind, das du ihm gebären wirst, wird nicht euer, sondern mein Kind sein.«

Die Frau erschrak, als nach all den unerhörten Gebeten vom Mond auf einmal eine Antwort kam. Doch dann zögerte sie keine Sekunde.

»Ich bin einverstanden!«, rief sie in die Nacht hinaus. Ihre Stimme überschlug sich fast. »Ich werde dir mein Erstgeborenes schenken! Es soll dein Mondkind sein.«

Als der Mond das vernommen hatte, ließ er keine Zeit mehr verstreichen. Noch in derselben Nacht streute er Gedanken über das Bett des klugen Miguels, der im Nachbardorf gerade von Meerjungfrauen träumte.

Als Miguel am nächsten Morgen erwachte, erschien

es ihm als dringendste Aufgabe, ein neues Fischernetz zu besorgen. Und zwar bei jenem Händler, der drüben in der Stadt die besten Netze anbot, kein anderer kam infrage. Wer Miguel den Tipp gegeben und diesen Händler empfohlen hatte, daran konnte er sich nicht erinnern. Er wusste nur eines: Ein Netz von jenem Händler musste es sein. Noch ahnte er nicht, dass im Haus neben dem Händler eine Frau wohnte, die jede Nacht den Mond anflehte.

Miguel war keine Schönheit. Seine Nase war etwas krumm geraten und erinnerte an einen Adlerschnabel. Die Augen standen zu nahe beieinander, und die Brauen darüber hatten sich darangemacht, zusammenzuwachsen. Aber Miguel war groß und kräftig. Wer sich ihm anvertraute, wurde nie enttäuscht – solange man ehrlich zu ihm war.

Als die Zigeunerin kurz vor Mittag zur Tür hinaustrat, summte sie gut gelaunt eine Melodie vor sich her; schon lange hatte sie sich nicht mehr so zuversichtlich gefühlt. Doch dann stolperte sie über ihre eigene Türschwelle. Sie prallte heftig gegen den Mann, der gerade aus dem Fischereiladen nebenan kam. Miguel fing sie mit seinen mächtigen Armen auf und hielt sie ein paar Sekunden länger fest als eigentlich nötig. Sie wusste nach nur einem Wimpernschlag, dass Miguel der Richtige war. Sie warf einen kurzen Blick hinauf in den Himmel.

»Danke«, flüsterte sie leise.

»Aber gerne doch, zum Glück ist nichts geschehen!«, rief Miguel, der meinte, dass der Dank an ihn gerichtet war.

Zehn Monate später gebar die Frau ein Kind, auf das

sie sich nicht richtig freuen konnte. Sie hatte zu niemandem ein Wort über ihren Handel mit dem Mond gesprochen, hatte diesen so sehr verdrängt, dass sie manchmal selbst nicht mehr sicher war, ob nicht alles nur ein Traum gewesen war. Doch kaum lag der Säugling an ihrer Brust, wusste sie, dass sie ihn wieder hergeben musste. Seine Haut war nicht mokkafarben, wie die seiner Eltern, sondern hell wie das Fell eines Hermelins. Seine Augen waren weder braun noch schwarz – sondern grau, als hätten sie schon viele Leben gesehen.

Das entging auch Miguel nicht. Sosehr er sich auf das Kind gefreut hatte – als er es das erste Mal anblickte, erkannte er, dass es nicht seines war. Tränen der Wut und der Trauer flossen über sein Gesicht. Denn er wusste, was von ihm erwartet wurde nach diesem Betrug, wollte er verhindern, dass seine Familie das Gesicht verlor. Obwohl alles in ihm sich weigern wollte, hielt er sich doch an den Brauch, der ihm vorschrieb, was nach einem Ehebruch zu tun sei. Im Bett, in dem sie das falsche Kind geboren hatte, erstach Miguel seine Frau.

Er konnte und wollte auch dieses blasse Kind mit den seltsamen Augen nicht behalten. Also trug er es nach seiner blutigen Tat hinauf auf einen Berg, bettete es in einen ausgewaschenen Stein und ließ es dort alleine zurück.

So kam der Mond zu seinem Kind, das er sich so sehr gewünscht hatte. War es zufrieden, stand der Mond wie gewohnt voll am Himmel. Doch wenn das Kind zu weinen begann, machte sich der Mond schmal, bis er nur noch eine Sichel war. So konnte er dem kleinen Menschen eine Wiege sein.

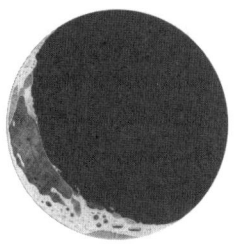

Warum der Mond beinahe für immer verloren ging

Nach einer keltischen Sage, Großbritannien

s ist keine Selbstverständlichkeit, dass der Mond an unserem Himmel steht. Im Gegenteil, es ist ein großes Glück. Denn um ein Haar wäre der Mond für immer verloren gegangen.

Es geschah zu einer Zeit, als das Land noch düster und die Menschen bescheiden waren. Tümpel prägten die Gegend, über der nicht selten graue Nebelschwaden hingen. Aus den Sümpfen ragten blätterlose Büsche, die aussahen wie schwarze Knochenhände. Grüne Rinnsale übel riechenden Wassers legten sich wie ein Spinnennetz auf den Boden. Wer hier einen falschen Schritt tat, drohte für immer zu versinken im moderbraunen Schlamm.

In den Nächten, in denen Eulen klagten und anderes Getier zeterte, stand der Mond gerade so am Himmel, wie er es heute tut. Er kam und ging, wurde leerer, um für eine Nacht ganz zu verschwinden, und dann wieder voller zu werden. Die Menschen waren froh, wenn sie den Mond kugelrund sahen. Denn dann erhellte er die Moortümpel so sehr, dass man darin umhergehen konnte, wie wenn es Tag wäre. Hielt sich der Mond aber zurück, dann war das Moor des Teufels. Dann krochen all die Wesen hervor, die in der Finsternis zu Hause sind und ihr Unwesen treiben: Sumpfgeister und kriechende Scheusale, Bestien und Untiere. Die Menschen mieden das Moor in den mondlosen Nächten, wenn es nur irgendwie möglich war.

Der Mond vernahm diese Geschichten der Angst und des Schreckens. Er fühlte sich schlecht, dass die Menschen leiden mussten, wenn er nicht voll am Himmel stand. Also beschloss er eines Nachts, selbst einen Augenschein im Moor zu nehmen und nach dem Rechten zu sehen.

Als der Monat zu Ende ging, stieg der Mond vom Himmel herab. Er zog einen Mantel mit einer Kapuze über, um seinen Schein zu verhüllen. Dann machte er sich auf den Weg zum Sumpf. Er sah sich um. Alles war grau und schwarz. Die Luft wog schwer. Schlammbuckel blubberten hier und da, tote Bäume streckten sich wie Finger in die Höhe, die sich bedrohlich im Wind bewegten und nach allem zu greifen schienen. Die Baumstrünke begannen, sich mehr und mehr zu wiegen, sich zu winden und zu krümmen. Das Ächzen des Gehölzes verursachte dem Mond Gänsehaut. Er schauderte. Schreie hallten in der Finsternis, die so undurchdringbar war, dass man das Gefühl hatte, sie anfassen zu können. Nur hin und wieder spiegelte sich ein Stern im trüben Nass.

Und unter dem Mantel des Mondes drang ein verräterisches gelbes Schimmern hervor.

Der Mond zog ihn fester um sich. Er zitterte. Aber er wollte nicht umkehren, bevor er alles gesehen hatte. Vorsichtig setzte er einen Fuß vor den anderen, darauf bedacht, nur auf festen Boden zu treten und kein Geräusch zu verursachen. Doch dann: ein Fehltritt! Der Mond rutschte zwischen den gurgelnden Wasserlöchern aus und taumelte beinahe in eines hinein. Mit beiden Händen griff er nach einem Baumstrunk, um sich festzuhalten. Kaum hatte er diesen erfasst, schlangen sich zwei Äste um seine Handgelenke und fesselten ihn. Der Mond wand sich, doch die Stränge wurden nur noch enger. Er riss und zerrte und rang mit diesem toten Baum, der doch nichts anderes sein durfte als sprödes Holz, der ihm aber dennoch zum Gefängnis wurde. Es half alles nichts. Der Mond war gefangen und würde es bleiben.

Der Mond wusste nicht genau, wie lange er schon so dagestanden und gezittert hatte, als er plötzlich ein neues Geräusch vernahm. Rufe, gar nicht weit weg. Ein Mensch. Und dann ein lauter Schluchzer, der bald überging in ein klägliches Schreien. Daraufhin hörte der Mond Schritte im Schlamm, der aufspritzte. Durch die Büsche erkannte er ein helles Gesicht mit weit aufgerissenen Augen. Der Mann musste sich in den Sümpfen verirrt haben. Getrieben von der Angst, hetzte er auf das versteckt schimmernde Licht des Mondes zu, in der Hoffnung, dass es ihm Sicherheit bringen würde.

Als der Mond erkannte, dass der Mann auf ihn zustrauchelte, dadurch immer weiter vom Pfad abkam und direkt auf die Wasserlöcher zuhielt, wurde er wütend auf diesen verfluchten Baumstrunk, der ihn gefangen hielt.

Mit letzter Kraft wand er sich noch einmal und versuchte, sich loszureißen. Vergebens. Doch es gelang ihm, die Kapuze abzustreifen, sodass sein gelb schimmerndes Haar zum Vorschein kam und einen Schein verbreitete, der die Dunkelheit vertrieb.

Der Mann schrie vor Freude auf, als er den Lichtschein sah. Und augenblicklich verzogen sich die bösen Wesen in die finstersten Winkel, um dem Licht, das ihnen Schmerzen zufügte, zu entfliehen. Dem Mann aber half der Schein, den Pfad wiederzufinden, der ihn aus den Sümpfen hinausführen würde. Er hatte keinen anderen Gedanken, als möglichst schnell wegzukommen von den Sumpfgeistern und dem Moor, das ihn verschlingen wollte. Er hatte nicht bemerkt, dass das Licht vom gelben Haar des Mondes ausging, der kläglich an einen Baumstrunk gefesselt war. Und da der Mond selbst nichts anderes im Sinn hatte, als den Mann zu retten, vergaß er völlig, dass eigentlich auch er Hilfe gebrauchen könnte.

Der Mann war verschwunden. Der Mond blieb allein zurück. Er riss erneut an den Ästen, die sich um seine Handgelenke geschlungen hatten, so lange, bis er geschunden und erschöpft auf die Knie sank. Die Kraft war verbraucht. Auch die Hoffnung machte sich davon.

Der Mond legte sich nieder, die Kapuze fiel auf sein Gesicht, sein Licht verschwand. Und mit der Dunkelheit kehrten all die bösen Wesen mit schrillem Geschrei zurück. Sie drängten sich um den Mond, den sie hassten wie die Pest. Sie kreischten vor Wut, schnappten nach ihm und traten auf ihn ein.

»Fürchte dich!«, geiferten die Hexenwichte. »Immer wieder hast du uns unsere Hexereien verdorben!«

»Hast uns in den hintersten Winkeln brüten lassen!«, heulten die Sumpfgeister auf.

Alle Wesen stimmten mit ein und brüllten so laut, dass die Büsche erzitterten und die Schlammlöcher gurgelten. »Wir werden dich vergiften – dich vergiften!«, kreischten die Hexen.

»Wir wollen dich ersticken – dich ersticken!«, zischelten die Scheusale.

Der Mond duckte sich und wünschte, er wäre tot, und alles wäre vorbei. Die Unwesen aber wollten nicht, dass es schon zu Ende war. Sie stritten darüber, wie sie ihn am leidvollsten und längsten quälen könnten. Sie waren so sehr mit ihrem Hass beschäftigt, dass ihnen der helle Schimmer am Horizont entging, der das Ende der Nacht ankündigte. Das Morgengrauen war schon nahe, als die Ungeheuer merkten, dass ihre Zeit beinahe abgelaufen und nicht mehr genug davon übrig war, um dem Mond all das Schreckliche anzutun, das sie ihm gerne antun würden. So griffen sie mit ihren Krallen nach ihm und schoben ihn hinein ins Wasser. Sie drückten ihn am Fuß des Baumstumpfes tief auf den Grund des Tümpels und rollten einen sonderbar geformten Stein über ihn. Sodenn befahlen sie zwei Irrlichtern, abwechselnd Wache zu halten. Nie wieder sollte der Mond in der Nacht hervorkommen können, um ihr Treiben zu stören.

Und da lag er. Der Mond. Begraben im Sumpf, ohne Hoffnung, dass er je gefunden werden würde. Denn keiner wusste, wo man nach ihm suchen müsste.

Zunächst schien ihn nicht einmal jemand zu vermissen. Die Nächte kamen und gingen. Es waren jene Nächte, in denen der Mond sowieso nur als schmale Sichel am Himmel gestanden hätte. Doch als der Neumond wieder wachsen sollte, als sich die Menschen Münzen in die Taschen und Strohhalme auf die Mützen steckten, weil das Glück versprach bei zunehmendem Mond – da stellten sie mit Erstaunen fest, dass der Mond wegblieb. Sosehr sie auch nach ihm Ausschau hielten, nicht den Hauch eines Schimmers konnten sie am Himmel ausmachen.

Angst machte sich breit. Die Menschen konnten sich ein Leben ohne den Mond nicht vorstellen. Er war der Einzige, der ihnen im Dunkeln den Weg wies, der die Pfade sicher machte, die gierigen Unwesen vertrieb und der ihnen Hoffnung schenkte, wenn alles finster war.

Die Nächte blieben schwarz. Das Treiben der wilden Untiere wurde schlimmer und schlimmer. Die Menschen wagten sich nach der Dämmerung bald nicht mehr vor die Tür. Bis ein mutiger Mann aufstand und rief:

»Irgendwo muss er doch sein, der Mond. Wir müssen ihn finden. Das ist doch kein Leben mehr ohne ihn.«

Er scharte eine Gruppe Männer um sich und zog mit ihnen zu der ältesten Frau im Dorf. Denn so viel war sicher: Wenn jemand ahnen konnte, wo sich der Mond versteckt hielt, dann die weise alte Frau.

Die Zeit hatte Furchen in ihr Gesicht gelegt. Weiße Haarsträhnen fielen in ihre Stirn. Ihre Augen waren dunkel wie ein Brunnen ohne Boden. Doch wer genau hineinschaute, konnte darin einen Funken sehen, der verriet, dass ihr Geist kein Alter kannte.

»Nun«, krächzte sie mit dünner Stimme, nachdem sie endlose Minuten lang in den Brautopf, in einen Spiegel und in ein Buch gestarrt hatte. »Dem Mond ist etwas zugestoßen. Was genau mit ihm passiert ist, kann ich nicht erkennen. Wenn ihr irgendetwas darüber hört, kommt zu mir zurück, dann kann ich euch vielleicht helfen.«

Enttäuscht zogen die Männer wieder ab. Sie fühlten sich nicht schlauer als vor dem Besuch bei der weisen Alten.

Als der Mond auch in den weiteren Nächten nicht erschien, wuchs die Aufregung der Menschen. Und mit der Aufregung die Angst. Bald gab es niemanden mehr, der nicht miträtselte und um eine Antwort rang, was mit dem Mond wohl geschehen sein mochte.

Eines Abends, als wiederum heftig über das Schicksal des Mondes diskutiert wurde, saß mit den Bewohnern des Dorfes ein Mann auf der langen Bank im Wirtshaus, der vom anderen Ende der Sumpflandschaft stammte. Er saß da, rauchte, hörte zu. Und plötzlich richtete er sich auf und schlug sich mit der flachen Hand an die Stirn.

»Ich Dummkopf!«, rief er so laut, dass alle im Raum sich ihm zuwandten. »Ich habe das fast vergessen. Aber ich glaube, ich weiß, wo wir den Mond suchen müssen.« Er erzählte den Leuten im Wirtshaus von jener Nacht, in der er sich in den Sümpfen verirrt hatte, und in der er, als er sein Leben schon verloren glaubte, auf einmal einen Schimmer wahrgenommen hatte, ein Licht, das heller wurde und ihm den Weg zurück auf den Pfad ausleuchtete, der ihn sicher wieder nach Hause führte. »Wer sonst kann das gewesen sein als der Mond?«

Die anderen hatten dem Mann aus dem fernen Dorf gebannt zugehört. Kaum hatte er seine Geschichte zu Ende erzählt, sprangen sie alle auf. Wirr riefen und liefen sie durcheinander. Bis einer dazwischenrief:

»Wir müssen zurück zur Ältesten unseres Dorfes.«

Als sie der alten Frau erzählten, was sie im Wirtshaus von dem Fremden vernommen hatten, nickte diese bedächtig. Dann schaute sie wieder in den Topf hinein, warf einen stillen Blick in das Buch, nickte ein zweites Mal und starrte von Neuem in den Topf.

»Düster. Es ist immer noch düster«, murmelte sie. »Düster, Kinder, düster.« Nach einer längeren Pause, in der nichts zu passieren schien, hob sie ihren Kopf und blickte in die Gesichter der Menschen, die gebannt um sie herumsaßen. »Ich kann es nicht klar sehen«, sagte sie zu ihnen. »Aber geht hin und macht genau, was ich euch sage – dann werdet ihr es selbst herausfinden.« Die alte Frau wies die Dorfbewohner an, dass sie, ehe die Nacht anbrach, losziehen sollten. »Nehmt einen Stein in den Mund und eine Haselrute in die Hand und sprecht kein Wort, bis ihr wieder zu Hause seid. Geht los und fürchtet euch nicht, die Angst müsst ihr zu Hause lassen. Zieht bis in die Mitte des Sumpflandes, so weit, bis ihr einen Sarg findet, eine Kerze und ein Kreuz. Wenn ihr all dies gefunden habt, seid ihr nicht mehr weit von unserem Mond entfernt. Los, los! Vielleicht findet ihr ihn.«

Die Dorfbewohner taten, wie ihnen geraten. Als die Nacht anbrach, zogen sie gemeinsam los, jeder mit einem Stein im Mund und einer Haselrute in der Hand. Obwohl die alte Frau sie angewiesen hatte, keine Angst zu zeigen, war ihnen bang und gruselig zumute. Sie stolperten und tappten durch die Finsternis. Bemüht, die Pfade nicht zu verlieren, klammerten sie sich aneinander. Sie sahen nichts als Schwarz vor ihren Augen. Dafür hörten sie jedes Geräusch um sich herum. Und es waren keine guten Geräusche. Das Sumpfland ächzte und stöhnte, Schreie der Unwesen sirrten durch die Luft, die Menschen fühlten, wie kalte Finger nach ihnen griffen.

Auf einmal schrie der Vorderste der Gruppe laut auf. Er hatte sich den Fuß gestoßen. Vor ihm lag ein riesiger Brocken, halb im Wasser, halb draußen. Als der Mann die Fackel schwenkte, erkannten sie, dass der Stein die Form eines Sarges hatte. An dessen Ende ragte der Baumstrunk hervor, der aussah wie ein Kreuz. Und darauf schimmerte ein winziges Irrlicht; wie ein letztes Flackern einer erlöschenden Kerze.

Die Männer sanken im Schlamm auf die Knie, falteten die Hände zum Gebet und sprachen das Vaterunser. Zuerst vorwärts wegen des Kreuzes und dann rückwärts, um die Geister abzuhalten; aber sie beteten es, ohne es laut auszusprechen – so lautete der Rat der weisen Alten. Nach dem stummen Gebet packten sie den sargförmigen Stein und schoben ihn weg. Als sie ihn bewegen konnten, erkannten sie einen flüchtigen Augenblick lang ein ungewöhnliches, aber wunderschönes Gesicht. Es schaute sie aus dem schwarzen Wasser heraus freudig an. In der nächsten Sekunde überflutete sie das Licht, so weiß und strahlend, dass die Dorfbewohner geblendet einen Schritt zurücktraten. Als sie wieder sehen konnten, stand der volle Mond am Himmel, so klar wie immer, als wäre er nie weg gewesen. Er leuchtete auf die Pfade im Moor, drang in die dunkelsten Winkel vor und vertrieb all die Sumpfgeister. Die Männer liefen nach Hause zurück, wo sie die frohe Nachricht verkünden wollten. Doch das war gar nicht mehr nötig: Im Dorf wurde die Rückkehr des Mondes bereits mit einem Fest gefeiert – während er glücklich auf sie niederschien.

Wer den Mond am Himmel ganz genau betrachtet, erkennt das Lächeln auf seinem Gesicht. Es strahlt vor Freude, nicht mehr im Moortümpel gefangen zu sein.

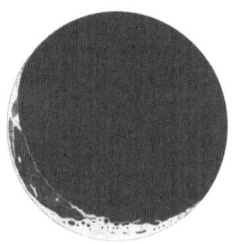

Die Tochter
von Sonne und Mond

Nach einer Legende der Bantu, Südafrika

Kimanaweze fand, dass es an der Zeit war. Lange genug hatte er dem Junggesellentreiben seines Sohnes zugesehen, oft genug hatte er ihn darauf angesprochen, ob er sich nicht endlich eine junge Frau an seiner Seite wünschte. Doch alles hatte nichts genützt. Darum war jetzt die Zeit gekommen, ein Machtwort zu sprechen. »Sohn, du musst heiraten«, sagte Kimanaweze, und seiner Stimme war anzuhören, dass er keine Widerrede duldete. Sein Sohn versuchte es gar nicht erst. Doch für ihn war klar: Wenn schon heiraten, dann würde das nicht einfach irgendeine Frau sein, sondern eine ganz besondere – und er wusste auch schon, welche.

»Wenn ich eine Ehefrau auswählen muss, dann wird das keine Frau von der Erde sein«, verkündete er. »Dann will ich die Tochter von Sonne und Mond haben.«

Kimanaweze stöhnte leise auf, doch dann nickte er und wies seinen Sohn an, sich auf die Suche nach der Prinzessin zu machen.

Also setzte sich Kimanawezes Sohn hin und schrieb einen Hochzeits-Antrags-Brief. Es kostete ihn einige Mühe, die richtigen Worte zu finden. Als er schließlich zufrieden war, hielt er Ausschau nach einem Boten, der den Antrag in den Himmel hinauftragen konnte.

Als Erstes kreuzte ein Hase seinen Weg. Doch der weigerte sich kategorisch, den Auftrag zu übernehmen. Auch die Antilope war nicht willig, für Kimanawezes Sohn den Boten zu spielen, ebenso sagten der Adler und der Geier Nein. Zuletzt blieb nur noch ein Frosch übrig. »Ich werde den Brief für dich in den Himmel bringen«, quakte er.

Kimanawezes Sohn schüttelte den Kopf. »Geh weg«, herrschte er den Frosch an. »An einem Ort, wo Wesen mit schnellen Beinen und mit Flügeln leben, frage ich doch nicht einen Frosch, ob er mein Bote sein wolle!«

Doch der Frosch ließ sich nicht einschüchtern und beharrte darauf, dass er den Auftrag sehr wohl erfüllen konnte. Kimanawezes Sohn zog zweifelnd die Augenbrauen hoch. Doch da er nicht mehr viel Auswahl hatte, oder eher: weil er gar keine Wahl mehr hatte, schickte er schließlich den Frosch mit seinem Heiratsbrief in den Himmel hinauf. Doch er warnte ihn, dass er sich gehörigen Ärger einhandeln würde, wenn er den Auftrag nicht zur vollsten Zufriedenheit ausführen sollte.

Der Frosch hatte zwar keine schnellen Beine und auch keine Flügel. Aber er hatte einen hellen Kopf. Und er wusste, dass auch die Sonne und der Mond ihre Helfer hatten. Sie sendeten regelmäßig ihre Dienerinnen hinunter auf die Erde, um das Wasser einzusammeln, das sich in den Netzen der Spinnen gefangen hatte. Der Frosch begab sich in den Wald, in dem die Dienerinnen von Sonne und Mond ihre Arbeit taten. Er versteckte sich hinter einem Baum – und als eine Dienerin bei ihm vorbeikam, hüpfte er in den Wasserkrug, den sie bei sich trug. Niemand hatte ihn gesehen. Keiner hatte gemerkt, wie er es sich im Krug bequem gemacht hatte, mit einem Brief in seinem Mund.

Die Dienerinnen machten sich, als sie genug Wasser gesammelt hatten, wieder auf den Rückweg hoch hinauf in den Himmel. Sie trugen die Wasserkrüge in einen Raum und stellten sie auf den Tisch. Kaum hatten sie die Tür wieder hinter sich geschlossen, kroch der Frosch hervor, er legte den Brief neben die Krüge und versteckte sich erneut.

Die Zeit verging träge. Doch endlich hörte der Frosch, wie jemand das Zimmer betrat. Es wurde mit Licht geflutet. Sofort war klar, dass Kumbi Mwene, der Sonnenkönig, eingetreten war. Er fand den Brief. Las ihn. Las ihn noch einmal und wusste nicht, was er damit anfangen sollte. Er legte den Brief wieder beiseite und sagte kein Wort. Der Frosch zuckte mit den Schultern, schlüpfte in einen leeren Wasserkrug, in dem er am nächsten Tag von den Dienerinnen ohne deren Wissen zurück zur Erde getragen wurde.

Als der Frosch Kimanawezes Sohn Bericht erstattete, dass er den Brief dem Sonnenkönig übergeben, darauf aber keine Antwort erhalten hatte, glaubte ihm dieser zuerst kein Wort. Er bezweifelte, dass der Frosch wirklich im Himmel oben war und den Brief abgeliefert hatte. Doch nach ein paar Tagen, an denen nichts geschehen wollte, schrieb Kimanawezes Sohn einen zweiten Brief. Er schickte den Frosch erneut damit los. Wiederum versteckte sich dieser in einem Wasserkrug und ließ sich hinauftragen zu Sonne und Mond. Und dieses Mal kam er mit einer Nachricht vom Sonnenkönig zurück: »Wir sind einverstanden mit einer Hochzeit – falls der Antragsteller persönlich um die Hand unserer Tochter anhält«, schrieb der Sonnenkönig in seinem Brief, den er dorthin gelegt hatte, wo er das andere Schreiben gefunden hatte. »Und: Er muss das Geschenk mitbringen, das üblich ist, wenn man mit einem Heiratswunsch antritt.«

Das Schreiben des Sonnenkönigs löste einen weiteren Briefwechsel aus. Kimanawezes Sohn beschied dem Sonnenkönig, dass er zuerst wissen müsse, was als Geschenk erwartet werde. Er gab seinen Brief wieder dem Frosch mit auf den Weg, zusammen mit einem Umschlag, in dem eine gehörige Summe Geld steckte.

Es ist an der Zeit, das Ganze mit meiner Frau zu besprechen, dachte der Sonnenkönig, als er die neue Nachricht und das Geld erhielt. Die Mondkönigin schmunzelte, als sie von dem eigentümlichen Briefwechsel mit jemandem von der Erde erfuhr. Und sie hatte nichts dagegen einzuwenden, diesen unbekannten Möchtegern-Schwiegersohn im Himmel zu empfangen.

Zusammen mit einem neuen Schreiben stellte die Mondkönigin einige Speisen für den unsichtbaren Boten auf den Tisch, auf dem die mysteriösen Briefe gelegen hatten. Als sie und der Sonnenkönig den Raum verlassen hatten, schlich der Frosch aus seinem Versteck hervor und schlug sich den Magen voll. Dem Brief, der neben dem Festmahl an ein Glas gelehnt war, entnahm er, dass der Brautpreis einen Sack voller Geld betrug. Der Frosch brachte den Brief Kimanawezes Sohn. Dieser las die Zeilen aufmerksam. Einen ganzen Sack voller Geld … Er benötigte sechs Tage, um das Geld zu sammeln, bei seinem Vater, bei Freunden, bei Bekannten. Kaum hatte er die Summe beisammen, schickte er den Frosch mit einer neuen Nachricht los: »Bald werde ich in den Himmel kommen, mich Ihnen vorstellen und meine neue Ehefrau zu mir nach Hause holen.«

Nur, das war einfacher gesagt als getan. Nachdem Kimanawezes Sohn zwölf Tage lang nach einer Möglichkeit gesucht hatte, musste er dem Frosch eingestehen, dass er niemanden gefunden hatte, der ihn zu seiner Braut in den Himmel bringen konnte. Der Frosch kratzte sich mit seinem hinteren Fuß am Kopf. Das half. Das half immer. Schon ließ sich eine Idee in seinen Gedanken nieder. Erneut ließ sich der Frosch unbemerkt von den Dienerinnen in den Himmel tragen. Im Palast des Sonnenkönigs und der Mondkönigin angekommen, schlich er sich ins Zimmer der Prinzessin. Er versteckte sich in einer Ecke, bis es dunkel wurde. Als er aus seinem Versteck hervorkam, sah er, dass die Prinzessin schon eingeschlafen war. Schnell hüpfte er auf ihr Bett, er stahl ihr erst das rechte und dann das linke Auge. Behutsam verpackte er seine Beute in einem Taschentuch. Dann schlich er zurück in den Raum, in dem die Wasserkrüge lagerten.

Als die Prinzessin am nächsten Morgen nicht am Frühstückstisch erschien, ging die Mondkönigin auf ihr Zimmer, um nach der Tochter zu schauen. Sie erschrak fürchterlich, als sie sah, wie die Prinzessin blind umherirrte. Sie hatte ihr Augenlicht verloren.

Niemand im Palast konnte sich erklären, wie dieses Unglück hatte geschehen können. In ihrer Verzweiflung schickten der Sonnenkönig und die Mondkönigin ihren treusten Diener zu einem Wahrsager. Noch bevor der Diener sagen konnte, warum er zu ihm gekommen war, hielt der Wahrsager die Hand in die Luft und wies ihn an, zu schweigen. »Eine schwere Krankheit hat dich zu mir geführt«, sagte er mit einer Stimme, die klang, als ob sie aus einem tiefen Brunnen kam. »Die Person, die erkrankt ist, ist eine junge Frau. Es geht um ihre Augen. Deshalb wurdest du zu mir geschickt, du bist nicht freiwillig gekommen.«

»Alles, was du sagst, ist wahr«, antwortete der Diener. »Aber weißt du auch, woher das plötzliche Leiden kommt?«

»Ein Verehrer hat die Frau mit einem Bann belegt. Sie wird sterben, wenn sie nicht zu ihm geschickt wird.« Der Wahrsager sah den Diener lange an, doch gleichzeitig schien er durch ihn hindurchzublicken. »Ich kann die junge Frau nicht heilen – aber ich kann dir einen Rat mit auf den Weg geben: Diese Hochzeit ... macht voran mit dieser Hochzeit, sie soll so bald als möglich stattfinden. Das ist alles, was ich zu sagen habe.«

Als der Diener in den Palast zurückkam, gab er Wort für Wort wieder, was der Wahrsager gesagt hatte.

»Gut«, meinte der Sonnenkönig. »Lass uns eine Nacht darüber schlafen. Und morgen schmieden wir einen Plan, wie wir unsere Tochter auf die Erde bringen können.«

Kaum war der nächste Tag angebrochen, befahl der Sonnenkönig den Spinnen, ein riesiges Netz zu weben, das seine Tochter zu tragen vermochte. Zur gleichen Zeit setzte sich der Frosch in einen Wasserkrug, der kurz darauf von den Dienerinnen zur Erde getragen wurde. Kaum war er unten im Wald angekommen, hüpfte er aus dem Krug und eilte zu Kimanawezes Sohn.

»Sie kommt, sie kommt! Noch heute wird die Tochter von Sonne und Mond zur Erde kommen, um dich zu heiraten«, rief er ihm zu. Er quakte laut vor Freude, war es letztlich doch sein Einfall gewesen, der Prinzessin die Augen zu rauben, was nun zum Ziel zu führen schien.

Kimanawezes Sohn konnte kaum glauben, was er da hörte. Aber der Frosch versprach, die Prinzessin noch am selben Abend zu ihm zu führen.

Der Frosch ging zurück zu dem Wald, in dem die Dienerinnen das Wasser sammelten. Kaum war die Sonne vom Himmel verschwunden, brachten Bedienstete die Prinzessin über das Spinnennetz auf die Erde. Der Frosch trat aus den Bäumen hervor, nahm die Hand der Prinzessin und sagte ihr, dass er sie zum Haus ihres künftigen Ehemannes führen würde. Dann wickelte er ihre Augen aus dem Taschentuch und legte sie dahin zurück, wo sie hingehörten. Binnen Sekunden konnte die Prinzessin wieder sehen. Und sie war begeistert von dem, was sie sah: Sie fand die Erde wunderschön.

Als der Frosch sie ins Haus von Kimanawezes Sohn

brachte, sahen sich die beiden in die Augen. Und auf einen Schlag war die Liebe da. Schon am nächsten Tag feierten sie ein großes Hochzeitsfest, zu dem alle eingeladen waren. Und hoch über ihnen standen sowohl der Sonnenkönig wie auch die Mondkönigin am Himmel. Die Prinzessin und Kimanawezes Sohn blieben zusammen auf der Erde und lebten glücklich bis in alle Ewigkeit.

Das tapfere Mädchen
und der Mond

Nach einem Märchen der Tschuktschen, Russland

Die Mutter starb an jenem Tag, als die Tochter die
Welt betrat. Seither hatte das Mädchen nur noch seinen
Vater – und dieser einzig seine Tochter. Zusammen lebten die beiden als kleine Familie in einem Nomadenlager
der Tschuktschen. Sie kamen gut miteinander zurecht;
das Mädchen bemühte sich sehr, die beste Tochter der
Welt zu sein. Sie half ihrem Vater, wo sie nur konnte.

In den Sommermonaten, in denen die Tage lang und
die Nächte lau waren, hütete das Mädchen abseits vom
Nomadenlager die Rentiere seines Vaters. Und weil im
Winter das Gras rar wurde, zog es in den kalten Tagen
noch weiter weg mit den Tieren. So weit fort, dass es nicht
mehr jeden Abend zu seinem Vater zurückkehren konnte.
Nur noch alle paar Tage fuhr es mit seinem Rentierschlitten ins Lager, um sich Nachschub an Nahrung zu holen.

Das Ungeheuerliche geschah in einer jener Nächte, als sich das Mädchen auf den Weg zurück nach Hause machte. Es hatte noch nicht die Hälfte der Strecke hinter sich gebracht, als der Rentierbock vor seinem Schlitten zuerst die Nüstern blähte und dann den Kopf in den Himmel hinaufreckte. »Schau nur, schau!«, wieherte der Bock.

Das Mädchen hob nun ebenfalls den Kopf. Es sah, dass sie nicht die Einzigen waren, die durch die Nacht ritten: Über sich am Himmel erkannte es den Mond in einem Schlitten, zwei Rentiere vor sich eingespannt, der auf dem Weg hinab zur Erde war. Obwohl sich das Mädchen überhaupt nicht erklären konnte, was dieses seltsame und nie gesehene Bild zu bedeuten hatte, ahnte es, dass es nichts Gutes sein konnte. »Wohin will der Mond, warum ist er mit dem Rentierschlitten unterwegs?«, fragte es seinen Rentierbock.

»Ich fürchte, du bist sein Ziel. Er will dich entführen!«

»Das kann nicht sein!«, rief das Mädchen erschrocken aus. »Was soll ich bloß tun? Was, wenn er mich zu sich heraufholen will?«

Der Rentierbock stoppte abrupt und wirbelte mit einem Huf Schnee auf, bis er eine kleine Grube gegraben hatte. »Rasch, schlüpf in die Höhle hinein«, sagte er zu dem verängstigten Mädchen.

Kaum hatte sich das Mädchen in die Grube gelegt, scharrte der Bock im Schnee, um es damit zuzudecken. So lange, bis vom Mädchen nichts mehr zu sehen war. Nur noch ein kleiner Schneehügel zeichnete sich am Boden ab.

Unterdessen war der Mond auf der Erde angekommen.

Er stoppte seine Rentiere und kletterte vom Schlitten. Er begab sich zuerst nach rechts, dann nach links, ging auf und ab und schaute sich nach allen Seiten um. Er suchte nach dem Mädchen, doch dieses war auf einmal nirgends mehr zu sehen. Als der Mond vor dem kleinen Schneehügel stand, murmelte er: »Eigenartig, wohin ist das Mädchen bloß verschwunden? Es ist nicht mehr zu finden. Ich sollte mich wohl auf den Heimweg machen und ein andermal wiederkommen – dann werde ich das schöne Kind gewiss wiedersehen und mit mir nehmen können.«

Er schwang sich auf seinen silberglänzenden Schlitten, ließ die Peitsche einmal knallen und sich von den Rentieren zurück in den Himmel bringen.

Kaum war der Mond verschwunden, scharrte der Rentierbock den Schnee wieder zur Seite. Das Mädchen fror und war erschüttert, nachdem es die Worte des Mondes vernommen hatte. »Lass uns so schnell wie möglich zum Nomadenlager zurückfahren, sonst sieht mich der Mond, und er kehrt um.«

Es kletterte in den Schlitten, und sein Rentierbock jagte, so schnell er konnte, über den Schnee davon.

Kaum waren sie angekommen, lief das Mädchen zur Jurte seines Vaters, doch der war nicht da. Es wusste weder ein noch aus.

»Du musst dich verstecken, sonst kommt uns der Mond auf die Spur«, raunte der Rentierbock dem Mädchen zu.

»Aber wo soll ich mich denn verstecken?«

»Ich kann dich verwandeln«, sagte der Rentierbock. »Vielleicht in einen Stein.«

»Doch selbst dann wird der Mond mich doch erkennen.«

»Dann werde ich dich in einen Hammer verwandeln.«

»Das wird nichts nützen, er wird sehen, wer ich bin.«

»Also mach ich dich zu einer Stange in einer Jurte.«

»Das hilft doch auch nichts.«

»Zu einem Härchen im Bettvorhang?« Langsam wusste auch der Rentierbock nicht mehr weiter.

»Selbst dann wird der Mond wissen, dass ich nur verwandelt bin. Was sollen wir nur tun?«

»Ich werde dich in einen Leuchter verwandeln«, beschloss der Rentierbock.

Da das Mädchen auch keine bessere Idee hatte, stimmte es schließlich zu. Es setzte sich hin, wie der Rentierbock es geheißen hatte. Er klopfte mit seinem Huf auf den Boden, und im Nu verwandelte sich das Mädchen in eine Lampe. Diese brannte hell und erleuchtete das ganze Zelt.

Es vergingen nur wenige Minuten, da entdeckte der Mond den Rentierschlitten des Mädchens im Nomadenlager. Wieder fuhr er mit seinem Schlitten herab. Er band seine Tiere fest und betrat die Jurte, vor der der Schlitten des Mädchens stand. Doch er fand es nicht. Er blickte zwischen den Stangen durch, durchwühlte alle Gerätschaften, untersuchte jedes Härchen in den Fellen, tastete den Boden ab – doch das Mädchen blieb verschwunden.

Die Lampe bemerkte er auf seiner Suche nicht. Denn diese leuchtete genauso hell wie der Mond selbst.

»Merkwürdig«, murmelte der Mond. »Wo steckt sie nur?«

Er trat aus der Jurte hinaus, band seine Rentiere los und wollte sich auf den Heimweg machen. Doch gerade als er in den Schlitten gestiegen war und wegfahren wollte, lugte plötzlich das Mädchen hinter dem Vorhang der Jurte hervor und rief: »Hier bin ich doch! Hier bin ich doch!«

Der Mond sprang vom Schlitten, ließ seine Tiere kurzerhand stehen und eilte zurück in das Zelt. Doch das Mädchen war schneller: Es hatte sich schon wieder in den Leuchter verwandelt.

Erneut begann der Mond mit seiner akribischen Suche. Wieder fand er das Mädchen nicht.

Der Mond war ratlos.

Zum zweiten Mal zog er sich enttäuscht zurück, um nach Hause zu fahren. Doch dann wiederholte sich das Spiel von Neuem: Er hatte sich gerade auf seinen Schlitten gesetzt, als das Mädchen hinter dem Vorhang hervorlugte und wieder rief: »Aber hier bin ich doch, hier bin ich!«

Der Mond stürmte zurück in die Jurte. Dieses Mal suchte er noch länger als zuvor, doch es nützte wieder nichts. Der Mond war enttäuscht und von der langen Suche erschöpft und träge, er leuchtete nur noch matt.

Als das Mädchen dies sah, verschwand seine Angst. Sie machte dem Mut Platz. Es verwandelte sich zurück, stürmte auf den Mond zu, hüpfte ihm rasch auf den Rücken und fesselte ihn an den Händen und an den Füßen. Das alles ging so schnell, dass der Mond gar nicht realisierte, was mit ihm passierte.

Entsetzt schaute er das Mädchen an. »Oho!«, rief er. »Willst du mich jetzt töten?«

Auf einmal begann er zu wimmern. Er würde dies sogar verstehen, weinte er, sei er doch hergekommen, um das Mädchen zu entführen. Der Mond flehte um Verzeihung. »Bitte lass mich ziehen, lass mich frei! Dafür verspreche ich dir, dass ich von jetzt an deinem Volk dienen werde. Wenn du mich freilässt, werde ich für dich und dein Volk leuchten und euch die Wege weisen. Ich werde die Nacht zum Tage machen. Ich werde für euch das Jahr bemessen und die Fluten steigen lassen.«

Das Mädchen war noch nicht überzeugt.

»Wenn ich dich freilasse … versprichst du mir dann auch, dass du mich nie mehr holen wirst?«

»Ich verspreche es, ich werde nie wieder von meinem Weg abkommen. Ich werde für immer in der Finsternis für dich leuchten.«

Das Mädchen blickte dem Mond in die Augen und erkannte darin die Wahrheit. Also löste es die Fesseln und schenkte dem Mond die Freiheit. Dank des Mutes des tapferen Mädchens steht er seither am Himmel und leuchtet für die Menschen in der Nacht.

Qaudjaqdjug

Grönland

Es gibt Menschen, die sind böse zu anderen Menschen. Sie behandeln jene schlecht, die schwächer sind als sie, manchmal sogar Kinder. Das musste auch ein armer Waisenjunge viel zu früh in seinem Leben lernen.

Er hatte niemanden mehr, der ihn beschützte. Die Dorfbewohner misshandelten ihn, schlugen ihn, mieden ihn. Er durfte nicht einmal in einer Hütte schlafen, sondern musste draußen in der Kälte bei den Hunden liegen. Ihre Körper waren ihm Kissen und Decke und hielten ihn wenigstens einigermaßen warm. Die Dorfbewohner gaben dem Jungen auch nichts von ihrem Essen ab. Stattdessen warfen sie ihm alten zähen Walrossspeck vor, den er ohne Messer verzehren musste. Stundenlang kaute er darauf herum, bis endlich etwas davon in seinen Magen geriet.

Es gab im Dorf einen einzigen Menschen, der Mitleid mit dem Waisenjungen hatte; ein Mädchen konnte das Elend des Buben fast nicht ertragen. Eines Tages, als es sich unbeobachtet fühlte, steckte es ihm verstohlen ein kleines Stück Eisen zu, das er als Messer verwenden konnte. »Aber du musst es gut verbergen«, sagte das Mädchen, »sonst nehmen es dir die Männer wieder weg.«

Rasch steckte er das Metall in sein Gewand. Zum ersten Mal seit Wochen lag so etwas wie ein Lächeln auf seinem Gesicht.

Der Waisenknabe trug den Namen Qaudjaqdjug. Doch alle nannten ihn bloß »den Kleinen«. Weil sein Leben so elend war und er kaum genug zu essen hatte, wuchs er schon seit einiger Zeit nicht mehr. Sein Körper war so mager und kraftlos, dass er nicht einmal mit den anderen Kindern spielen konnte; sie verhöhnten und quälten ihn, weil er so ein Schwächling war.

Es kam vor, dass im Dorf ein Fest gefeiert wurde. Dann versammelten sich alle Einwohner im großen Festhaus. Nur einer musste draußen bleiben: Qaudjaqdjug. Er pflegte im Eingangsflur zu liegen, näher kam er den anderen nicht. Nur hin und wieder wagte er es, über die Schwelle in die Hütte hineinzuschauen.

Ab und zu trat ein Mann in den Eingangsbereich und zog Qaudjaqdjug unsanft an seinen Nasenflügeln hoch. Er drückte ihm einen großen Urintopf in die Hände und befahl ihm, ihn leeren zu gehen. Der Topf war riesig und wog schwer; Qaudjaqdjug musste ihn mit beiden Armen und seinen Zähnen festhalten, wollte er ihn nicht fallen lassen. Und da Qaudjaqdjug von den meisten Dorfbewohnern immer mal wieder an den Nasenflügeln hochgezogen wurde, waren diese weit und groß. Man kann sich vorstellen, wie ihm der unerträgliche Uringestank in die Nase stieg, wenn er den Topf hinausschleppen und leeren musste.

Der Mann im Mond, der auch in dieser Nacht am Himmel stand und für die Menschen leuchtete, schüttelte den Kopf, als er sah, wie schlecht Qaudjaqdjug wieder behandelt wurde. Schon länger bereitete es ihm Sorgen, wie es dem Jungen in diesem Dorf dort unten erging. Immer hatte er gezögert, aber jetzt konnte er nicht länger zuwarten. Er musste etwas tun. Also spannte der Mann vom Mond seinen Hund Terii-tiaq vor einen Schlitten und fuhr auf die Erde hinunter. In der Nähe des Festhauses, in dem immer noch gefeiert wurde, hielt er sein Gefährt an. »Qaudjaqdjug, komm heraus!«, rief der Mann vom Mond dem Jungen zu.

Der Waisenknabe schrak zusammen. Er zitterte vor Angst, als er die laute Stimme hörte. »Ich will nicht herauskommen, geh weg!«, rief er zurück.

Doch der Mondmann gab nicht so leicht auf, und der Waisenknabe, der wusste, dass man machen musste, was die anderen wollten, dass es Schläge hagelte, wenn man sich weigerte, gehorchte schließlich trotz seiner Furcht und tat, wie ihm geheißen.

Der Mann vom Mond nahm Qaudjaqdjug bei der Hand und führte ihn zu einem Platz, auf dem ein paar riesige Steine lagen. Er versetzte dem kleinen Jungen einen Schlag. »Wenn ich dich schlage, wächst deine Kraft«, sagte er zu ihm. »Fühlst du dich schon stärker?«

Qaudjaqdjug nickte.

»Dann heb diesen Stein auf.«

Sosehr sich Qaudjaqdjug bemühte, er schaffte es nicht, den Stein in die Höhe zu heben. Da schlug ihn der Mann vom Mond erneut, etwas kräftiger jetzt. Und auf einmal begann der kleine Waisenjunge zu wachsen: Zuerst zogen sich seine Füße in die Länge, dann begann auch der Rest seines Körpers, größer zu werden.

»Fühlst du dich jetzt stärker?«

»Ja, ich fühle mich schon stärker.«

Als Qaudjaqdjug jedoch versuchte, den Stein hochzuheben, war er dafür immer noch zu schwach. So fasste er erneut einen Hieb vom Mann vom Mond. Daraufhin durchflutete Qaudjaqdjug die Kraft wie eine Welle. Er griff nach dem Stein und stemmte ihn hoch, als ob es nur ein kleiner Kiesel wäre.

»Bestens!« Der Mondmann lachte. »Das sollte genügen. Morgen werde ich dir drei Bären vorbeischicken, dann kannst du deine Kraft beweisen.«

Den Qaudjaqdjug von gestern hätte dieser Satz in Angst und Schrecken versetzt. Jetzt aber fühlte sich der Waisenknabe stark genug, um selbst drei Bären zu bezwingen.

Der Mann vom Mond klopfte Qaudjaqdjug noch einmal auf die Schulter, schwang sich auf seinen Schlitten und kehrte dorthin zurück, wo er zu Hause war.

Der einst kleine Qaudjaqdjug, der jetzt der große Qaudjaqdjug geworden war, legte sich wie immer zu den Hunden zum Schlafen.

Als die Sonne den Mond weggeschickt und den Tag gebracht hatte, konnte Qaudjaqdjug es fast nicht erwarten, die Bären zu sehen. Kurz vor Mittag trotteten diese tatsächlich, genauso wie vom Mondmann angekündigt, auf das Dorf zu. Sie sorgten für eine ungeheuerliche Aufregung! Die Frauen kreischten, die Männer stoben auseinander; alle waren so verschreckt, dass sich keiner mehr aus seiner Hütte wagte.

Da schnürte sich Qaudjaqdjug seine Stiefel und lief den Pfad hinab, direkt den Bären entgegen.

»Ist das nicht der kleine Qaudjaqdjug?«, rief ein Mann, der vorsichtig durch einen Fensterspalt hinauslugte. »Die Bären werden dich töten!«

Doch es kam anders. Qaudjaqdjug packte den ersten Bären bei den Hinterbeinen und schlug dessen Kopf gegen das Eis. Dem zweiten Tier sollte es nicht besser ergehen: Mit zwei, drei Hieben hatte Qaudjaqdjug es außer Gefecht gesetzt. Den dritten Bären aber trug der Waisenknabe hinauf zum Dorf und schlug mit ihm auf jene Menschen ein, die ihm in den letzten Jahren am meisten Leid zugefügt hatten. So fest, dass sie dabei ums Leben kamen.

»Das ist dafür, dass ihr mich misshandelt habt! Das ist für eure Quälereien!« Qaudjaqdjug brüllte selbst wie ein wild gewordener Bär. Und jene Feinde, die er nicht tötete, die liefen weg und kehrten nie mehr wieder.

Nur die wenigen, die zu Qaudjaqdjug freundlich gewesen waren, verschonte er. Darunter auch das Mädchen, das ihm das Eisen als Messer geschenkt hatte.

Von diesem Tag an gab es den kleinen, armen Qaudjaqdjug nicht mehr. Sondern nur noch Qaudjaqdjug, den großen Jäger, der viele Heldentaten vollbrachte. Und der hin und wieder in einer sternenklaren Nacht zum Himmel hinaufblickte und dem Mann im Mond dankend zuwinkte.

Quellen

»Die drei verlorenen Monde« (Serbien): Serbische Volkssage, erzählt von Slavica Lazarevic und Zivota Todorovic.

»Warum Sonne und Mond im Himmel leben« (Nigeria): Elphinstone Dayrell, *Folk Stories From Southern Nigeria,* Library of Alexandria, 1910.

»Der Heiratsantrag« (China): Stepanchuk Carol/Charles Wong, *Mooncakes and Hungry Ghosts – Festivals of China,* China Books and Periodicals, San Francisco, 1991.

»Der Mond in der Kokosnuss« (Brasilien): Volkssage, erzählt von Marco Rudelli.

»Als Sonne und Mond sich scheiden ließen« (Burkina Faso): Maryjo Alinea, *Contes d'ailleurs d'Afrique: Histoires, Contes, Legendes,* CreateSpace, 2014.

»Die Mondjungfrau und die Sonnenjungfrau« (China): Dana und Milada Stovickova, *Chinesische Volksmärchen,* Artia Verlag, Prag, 1968.

»Die Schlange und der leere Mond« (Malaysia): Paul Hambruch, *Malaiische Märchen aus Madagaskar und Insulinde,* Edition Holzinger, CreateSpace, 2014. Basiert auf der Ausgabe von 1922 im Verlag Eugen Diederichs.

»Der teuflische Färber des Mondes« (Estland): August von Löwis of Menar, *Finnische und estnische Volksmärchen,* Eugen Diederichs, Jena, 1922.

»Das Indianermädchen« (Nordamerika): Karl Knortz, *Märchen und Sagen der Indianer Nordamerikas,* Jena, 1871.

»Das Mondmädchen« (Mikronesien): Paul Hambruch, *Märchen der Weltliteratur: Südseemärchen,* Eugen Diederichs, Jena, 1921.

»Falsche Geschwisterliebe« (Grönland): Franz Boas, *The Eskimo of Baffin Land and Hudson Bay,* Bulletin of the American Museum of Natural History, New York, 1901.

»Der vertriebene Hahn« (Madagaskar): Paul Hambruch, *Malaiische Märchen aus Madagaskar und Insulinde,* Edition Holzinger, CreateSpace, 2014. Basiert auf der Ausgabe von 1922 im Verlag Eugen Diederichs.

»Die Frau im Mond« (China); Loke Siew Hong, *Legend of the Moon Maiden*, Asiapac Books, Singapore, 1996; Tao Tao Liu Sanders, *Dragons, Gods and Spirits from Chinese Mythology*, Peter Bedrick Books, New York, 1980.

»Maramas Fluch« (Neuseeland): Elsdon Best, *Maori Religion and Mythology Part 2*, Papa Press, 2006.

»Keine gute Ehe« (Kenia): Naomi Kipury, *Oral Literature of the Maasai*, Heinemann Educational Books, Nairobi, 1983.

»Die Mondprinzessin« (Japan): Frederick Victor Dickens, *Primitive & Mediaeval Japanese Texts*, Clarendon Press, 1906. Auch in: Gerhardt Staufenbiel, *Wie der Donnergott einmal in den Brunnen fiel – japanische Märchen und Mythen*, 2010.

»Warum Sonne und Mond sich meiden« (Kamerun): Cornelie Kunze, *Der dankbare Affe. Märchen aus Kamerun*, Kiepenheuer Verlag, Leipzig, 1990.

»Wie Kweku Tsin zur Sonne wurde« (Ghana): William H. Barker/ Cecilia Sinclair, *West African Folktales*, London, 1917.

»Als Sonne, Mond und Wind dinieren gingen« (Indien): Joseph Jacobs, *Indian Fairy Tales*, Dover Publications, New York, 2011. Auch in: Mary Frere, *Old Deccan Days – or, Hindoo Fairy Legends*, Current in Southern India, Grigson Press, 2007.

»Eine vermaledeite Reise« (Frankreich): Französisches Volksmärchen, erzählt von Stephan Privat.

»Buddhas Mond« (Indien): Joseph Jacobs, *Indian Fairy Tales*, Dover Publications, New York, 2011.

»Bahloo, der Mond« (Australien): Katie Langloh Parker, *Australian Legendary Tales – Folklore of the Noongahburrahs as Told to the Piccaninnies*, Nutt/Melville, Mullen & Slade, London/Melbourne, 1896.

»Der Schmied im Mond« (Deutschland): Adalbert Kuhn/Leberecht Wilhelm Schwartz, *Norddeutsche Sagen, Märchen und Gebräuche*, F. U. Brockhaus, Leipzig, 1848.

»Mondkind« (Spanien): Volkslegende, verarbeitet zu einem Volkslied von José María Cano.

»Warum der Mond beinahe für immer verloren ging« (Großbritannien): Edmund Dulac, *Edmund Dulac's Fairy-Book – Fairy Tales Of The Allied Nations*, Hodder & Stoughton, London, 1916.

»Die Tochter von Sonne und Mond« (Südafrika): Alice Werner, *Myths and Legends of the Bantu: A Treasury of Incredible Tales from South Africa,* George G. Harrap and Co., London, 1933.

»Das tapfere Mädchen und der Mond« (Russland): Josef Guter, *Märchen aus Sibirien,* Fischer, Frankfurt am Main, 1978.

»Qaudjaqdjug« (Grönland): Franz Boas, *The Eskimo of Baffin Land and Hudson Bay,* Bulletin of the American Museum of Natural History, New York, 1901.

Mythen und Märchen im Unionsverlag

SCHARUK HUSAIN (HG.)
Von Hexen, Nixen und Feen

Hexen, Nixen, Feen und wundertätige Frauen finden in dieser Märchensammlung zusammen. Sie stammen aus allen Zeiten und Kontinenten und aus den unterschiedlichsten Kulturen. Sie lieben, hassen, segnen und verfluchen, bringen Rettung, Untergang, Reichtum, Not oder Glück. In tausend Gestalten begegnen sie den Irdischen. Nur eines ist ihnen gemeinsam: Niemand, und erst recht nicht ein Mann, kann sich ihrem Zauber entziehen.

FREDERIK HETMANN (HG.)
Wie Frauen die Welt erschufen

Rund um den Globus sind die ältesten Gottheiten weiblichen Geschlechts: Die Völker verehrten sie als Urmutter, als Meerfrau und als Lebensspenderin. Von ihnen erzählen die Mythen und Gesänge, Märchen und Sagen, die Frederik Hetmann aus verschiedenen Kulturen und Kontinenten zusammengetragen hat. In ihnen lebt die Erinnerung an die Göttin der Fruchtbarkeit, die das Menschengeschlecht gebärt und das Leben spendet, bis in unsere Zeit fort.

JURI RYTCHËU
Die Frau am See

Gatle und Lollo erkennen schon als Jungs, welches der bedeutendste Teil ihres Körpers ist – und brennen darauf, ihn einzusetzen. Bald ist kein weibliches Wesen der Tundra vor ihnen sicher. Da erteilt ihnen der Schamane Tschenko eine Lehre: Er verstößt sie aus der Siedlung und macht sie zu Männlein. Eines Tages begegnen sie am See einem lockend duftenden, riesenhaften Wesen. Im Gras liegt die verführerischste Frau des Polarsommers. Was tun?

Mehr über alle Bücher und Autoren auf *www.unionsverlag.com*

LEONARDO DA VINCI
Der Esel auf dem Eis

Wir kennen Leonardo da Vinci als Genie der Malerei, der Anatomie, Kriegskunst und Astronomie. Aber er ist auch ein Fabulierer, der Weisheit findet in allem, was er als Forscher beobachtet. Seine Fabeln kommen einfach daher, sind aber kunstvoll und überraschend. Hier sprechen die Tiere, die Pflanzen zu uns. Die ganze Natur meldet sich zu Wort: Der Stein, der Nusskern, das Feuer, das Wasser. Sie erzählen vom Unscheinbaren, das durch Klugheit obsiegt.

GUY DE MAUPASSANT
Auf See

Maupassants zeitlose Texte über eine zehntägige Kreuzfahrt mit seiner Jacht von Antibes bis Saint Tropez und gleichzeitig eine Reise durch Geist und Seele des Schriftstellers. Während das Schiff ihn Welle für Welle in die endlose Weite der Gedanken trägt, holen ihn die kurzen Landgänge in die Gegenwart und das Schicksal seiner Zeitgenossen zurück. So wechseln sich philosophische Reflexionen mit szenisch-kritischen Betrachtungen über seine Landsleute ab.

CAMILO SÁNCHEZ
Die Witwe der Brüder van Gogh

Paris im Jahr 1890: Johanna van Gogh Bonger ist mit Vincent van Goghs jüngerem Bruder Theo verheiratet. Als der Maler sich das Leben nimmt, stirbt kurz darauf auch Theo, erfüllt von tiefer Trauer. Johanna widmet sich fortan van Goghs umfangreichem Œuvre und erkennt die Bedeutung seiner Werke. Ihr Leben verändert sich von Grund auf, als sie sich in van Goghs Briefwechsel mit seinem Bruder vertieft und dessen Kunst zum Erfolg verhilft.

Mehr über alle Bücher und Autoren auf *www.unionsverlag.com*

ALEXANDER GRIN
Purpursegel

Wie eine fremdartige Blume wächst das Mädchen Assol unter Fischern auf. Eines Tages verkündet ihr ein wandernder Märchenerzähler: »Ein weißes Schiff unter riesigen, leuchtenden Purpursegeln wird die Wellen durchschneiden und geradewegs auf dich zukommen.« Seitdem wartet sie auf dieses Ereignis, lässt sich dafür klaglos verspotten und weiß nicht, dass in einem verwilderten Schloss der Junge Grey von Meer und Seefahrt träumt.

TSCHINGIS AITMATOW
Der weiße Dampfer

Der Junge wächst als einziges Kind in einer abgelegenen Försterei bei den Großeltern auf. Auf dem Issyk-Kul-See sieht er in der Ferne immer wieder einen weißen Dampfer, der ihn in seinen Tagträumen zum Vater bringt.

»Er hatte zwei Märchen. Ein eigenes, von dem niemand wusste. Und ein zweites, das der Großvater erzählte. Am Ende blieb keins übrig. Davon handelt diese Erzählung.«

TSCHINGIS AITMATOW
Dshamilja

Der 15-jährige Seït erzählt die Geschichte seiner jungen, verheirateten Schwägerin Dshamilja und des früheren Soldaten Danijar. Während der ungeliebte Ehemann Sadyk in der Sowjetarmee dient, lernt die selbstbewusste, lebensfrohe Dshamilja den scheuen, träumerischen Frontheimkehrer Danijar kennen und lieben. Der junge Seït erzählt mit den Augen eines Kindes, das noch nichts von der Liebe weiß, das aber zu verstehen beginnt, was die beiden verbindet.

Mehr über alle Bücher und Autoren auf *www.unionsverlag.com*

REGINALD ARKELL
Pinnegars Garten

Herbert Pinnegar, ein Findelkind, entdeckt schon früh seine Liebe zu den Blumen und fängt als junger Bursche an, im Garten von Lady Charteris Unkraut zu jäten. Als der altersgrantige Obergärtner abtritt, schlägt seine große Stunde: Er übernimmt das Gartenregiment und teilt sein Leben fortan mit Heckenrosen und Buschwinden. Er ist ein wandelndes Kompendium des Gartenwissens und ein Zauberer, der seine Lady immer wieder in Erstaunen versetzt.

RICHARD FORSTER UND ULLA STEFFAN (HG.)
Auf die Dame kommt es an – Schachgeschichten

Seit Jahrtausenden spielen Menschen rund um die Welt auf dem quadratischen Brett. Von Anfang an galt das Schachspiel als Abbild des Krieges. Gleichzeitig ist es Metapher für Konfliktlösung und das Leben an sich. In zahlreichen Redewendungen lebt es in unserer Sprache: Entscheidungen werden auf dem »Schachbrett der Geschichte« ausgetragen, wir sind Figuren auf dem »Schachbrett des Lebens«. Kein Wunder, dass es fester Bestandteil der Weltliteratur geworden ist.

KARIN BETZ (HG.)
Tango fatal – Geschichten vom Tanz der Leidenschaft

»Ein trauriger Gedanke, den man tanzen kann«, so versuchte der Komponist Enrique Santos Discépolo einst den Tango in Worte zu fassen. Schmerzlich und schön, geheimnisvoll und leidenschaftlich – Tango ist mehr als Musik, mehr als Bewegung. Er ist Metapher für alles Unergründliche: Liebe, Sehnsucht, Lebensgier, Erinnerung. Die Frau, die uns verschmäht, die Seele der Argentinier, die Biografie eines Sängers oder ein seltsamer Ritualmord werden in diesen Erzählungen zu einem Spiegel des Tanzes.